10만 부 베스트셀러 만드는 법

입소문 나는 책은 무엇이 다른가

윤성훈 지음

How I Created 100,0000-Copy Bestsellers

10만 부 베스트셀러 만드는 법

들어가며

왜 하필 10만 부인가?

책을 만드는 건 어렵다. 처음 배울 때도 어려운데, 경험이 쌓이고 세부적인 것들이 보이기 시작하고 좋은 책을 기획해 잘 만들고 싶은 욕심까지 생기면, 더 어려워진다. 그런데 이렇게 어려운 책 만들기보다 100배는 더 어려운 게, 책을 파는 것이다. 지금껏 책 파는 게 쉽다고 이야기하는 사람을, 나는 3명밖에 보지 못했다.

그런데 '10만 부 베스트셀러 만드는 법'이라니. 정말 그런 방법이 있기는 할까. 존재한다면 혼자 알고 말지 왜 세상에 공개하려 하는 걸까. 그런 게 있다 하더라도, 왜 1만 부나 100만 부가 아니고, 하필이면 10만 부일까.

편집자로서 나는 상업 출판사만 경험했다. 웅진지식하우스에서 6년, 인플루엔셜에서 4개월, 그리고 다산북스에서 5년. 기준을 엄격하게 적용한 것은 아니었으나 대체로 회사에서 성과를 낸 것으로 인정받으려면, 내가 만든 책이 시장에서 최소한 3만 부는 팔려야 했다.

상업 출판 시스템에서 가장 위험한 건 의외로 1만 부 정도 팔리는 책이다. 정말 극소수의 사례를 제외하고, 서점에 내놓은 후 저절로 1만 부가 팔리는 책은 없다. 꽤 많은 에너지를 쏟고 마케팅 비용을 들여야 겨우 1만 부를 팔 수 있다. (물론 그렇게 해도 초판조차 팔지 못하는 경우도 많다.) 이런 책은 손익분기점도 높다. 그래서 1만 부를 팔고도 손해를 보는 책이 대형 상업 출판사에서는 제법 있다. 1만 부 정도가 팔리는 책은 반짝 빛을 발했다 사라지는 경우가 대부분인 만큼, 제품의 생애주기가 길지 않고 스테디셀러가 되기도 어렵다. 마케팅 비용을 쓰지 않고 3000~5000부를 파는 책이 차라리 더 낫다는 말이 나오는 이유다.

반대로 100만 부 책 만들기는 인간의 힘으로 할 수 있는 영역이 아니다. 나도 아직까지 경험이 없고, 빅셀러가 많은 대형 출판사에서도 전무한 경우가 많다. 목표는 높을수록 좋다지만, 어쨌든 '100만 부 베스트셀러 만드는 법'은 지금의 내가 할 수 있는 이야기가 아니다. 언젠가 꼭 한번 달성해보고 싶은 미션이라고 해두겠다.

그런데 10만 부 책은 다르다. 10만 부 판매도 요즘 시장 환경에서는 무척 어려운 도전이지만, 그렇다고 불가능한 목표는 아니다. 1만 부 책에 비해 초기 마케팅 비용이 훨씬 더 드는 것이 아니고, 시장에서 팔리는 게 확인된 후에 투입되는 마케팅 비용은 심리적으로도 실질적으로도 부담이 적다. 그리고 10만 부 책이 나오면, 출판사는 여러모로 숨통이 트인다. 대형 출판사의 팀 단위에서도 비로소 '목표 달성'이란 게 가능해진다. 스테디셀러가 될 수 있기에 다음해, 그다음 해가 되어도 구간 매출을 든든하게 책임져준다. 리커버에디션을 통한 추가 매출 확보의 기회도 생기고, 그 저자의 다음 책에 대한 기대감도 높인다. 반드시 좋은 선택이라고 볼 수는 없지만, 어쨌건 속편을 만들 수 있는 환경도 조성된다.

이런 맥락에서 나는 상업 출판 일을 하는 편집자나 마케터에게, 10만 부 책은 '꼭 추구해야 하는 목표'가 돼야 한다고 믿는다. 매년 10만 부 책이 하나씩 나온다면, 이게 과한 욕심이라면 최소 2~3년에 한 종이라도

10만 부가 판매되는 책을 만들어낸다면, 그 출판사는, 그 팀은 생존할 수 있다. 아니, 생존을 넘어 지속 가능하게 성장할 수 있고, 더 도전적인 기획을 상상하고 도모할 수 있다. 당연한 얘기지만, 조직 차원이 아니라 개인 차원에서도 여러 방면에서 좋은 기회가 생긴다.

그래서 다소 도발적일 수 있지만, 과감하게 이 책의 제목을 '10만 부 베스트셀러 만드는 법'이라고 지었다. 실제로 다산북스 인문팀장으로 일하던 2019년부터 우리 팀은 매년 한 권 이상의 '10만 부 베스트셀러 만드는 것'을 중요한 목표로 정했고, 그것은 클레이하우스를 창업해 운영하고 있는 지금도 마찬가지다. 목표 달성에 성공한 해도 있고 아닌 해도 있었지만, 어쨌건 이런 목표를 설정하고 조금씩 달성해오면서 계속 새로운 기회의 문이 열렸다는 점은 분명하다.

나는 내 경험에 바탕을 두고 이런 주제의 책을 쓰고 있지만, 내가 해온 방식과 생각이 절대로 정답이라고는 생각하지 않는다. 소수의 정확한 타깃독자를 대상으로 책을 만들고, 큰 마케팅 비용 없이도 2000~3000부의 책을 팔아 이익을 확보하고, 그렇게 출간 종수를 늘리는 방식으로 성공적인 비즈니스를 하는 출판사도 많다.

마케팅 비용을 아예 쓸 수 없거나, 굉장히 제한적으로 운영하는 출판사가 많다는 것도 잘 알고 있다. 그런 경우에는 '저자의 개인기'로 1만 부를 팔 수 있는 책을 기획하는 것이 더 현실적인 목표라고 생각한다. 저마다의 사정과 환경이 다르니, 내가 하는 이야기도 그냥 참고만 해주길 바란다.

너무나 빠르게 시장 환경이 바뀌는 것도 고려해야 한다. 내가 제시하는 구체적인 사례는 이미 옛날 것이어서 당신이 이 책을 읽을 때쯤이면 잘 통하지 않는 이야기일 가능성이 높다. 나도 그것을 잘 알고 있고, 그래서 신간을 론칭할 때마다 여전히 두려운 마음이 크다. 그럼에도 눈 밝은 편집자들은 실제로 내가 경험했던 구체적 사례에서 자신만의 통찰로 그 안에 숨어 있는 본질을 꿰뚫어 보리라 믿고, 이야기를 하나씩 풀어보려 한다.

이 책을 읽고, 정말로 10만 부 베스트셀러를 만드는 데 성공한 동료 편집자들이 여럿 나오면 좋겠다. 만약 그렇다면 꼭 내게 연락해주길 바란다.

진심으로 기뻐하며 축하해드리겠다.

목차

3장 잘 읽히는 책을 위한 편집의 기술

4장 독자를 미리 만드는 마케팅의 기술

1장

상업 출판 편집자의 길

편집자로서의 행운과 콤플렉스

2009년 웅진지식하우스 신입 편집자 채용을 위한 면접 자리.

제법 오래된 일이기에 다른 질문은 하나도 생각나지 않지만, 이 질문만큼은 아직도 선명히 기억난다. 지금은 어크로스를 이끌고 있는 김형보 대표의 질문.

"연봉도 높지 않고, 나중에 결혼하려고 하면 처가에서도 썩 좋아하지 않을 텐데, 왜 출판 편집자가 되려고 하세요?"

고민하지 않았던 부분은 아니었다. 사실 나는 다른 회사에 이미 다니고 있었고, 연봉도 거의 500만 원 가까이 깎아서 회사를 옮기려 하는 것이었다. 아직 대학 졸업 전이고 다니던 회사에서는 수습 딱지도 떼기 전이라 당시 이력서에 현 직장 및 연봉 정보를 쓰지는 않았지만, 어쨌건 그 질문은 당시의 내가 고민하던 지점을 정확히 겨냥하고 있었다.

나는 이렇게 답했다.

"업계의 처우 수준보다 중요한 건 그 업계에서 1등이 될 수 있느냐 여부입니다. 제가 열심히 노력해서 업계에서 1등이 되면, 그런 고민 따윈 자연스레 사라질 것 같습니다."

그 질문을 던진 김형보 대표는 물론, 함께 면접관 자리에 있었던 김보경 주간(지금은 지와인 대표)도 그 대답에 눈빛이 달라졌다. 두 분 모두 흐뭇하다는 듯이 나를 바라봐줬고, 서로 마주보며 긍정적인 시선을 교환했다.

당시의 두 대표보다 더 나이를 먹은 지금 돌이켜보면, 출판사 풍경에 어울리지 않게 혼자 칼 정장을 빼입고, 아무것도 모른 채 자신만만해 있는 어린 편집자 지망생이 마냥 귀여웠을 것 같다.

여하튼 그렇게 나는 성인 단행본 편집자가 되었다. 선배들에게 나름 사랑받는 복 받은 신입이었고, 그들의 너그러움과 따뜻함 속에서 천천히 조금씩 편집자가 되어갔다. 나의 실수를 인내해주셨고, 내가 스스로 해결할 수 있도록 기다려주셨고, 성과에 대한 압박도 야근 따위도 일절 없었던 호시절이었다.

당시에도 알았지만, 시간이 지나고 경력이 쌓이면서 그게 신입 시절의 나에게 얼마나 큰 행운이었는지 더 절실히 깨달았다. 그리고 그런 행운이 대부분의 신입 편집자에게 허락되지 않았다는 것도 알게 되었다. 아니, 대형 출판사라 해도 신입 편집자를 채용하는 곳이 별로 없다는 것까지.

첫 직장인 웅진 단행본 시절, 내가 맡은 분야는 주로 문학이었다. 중국당대문학 걸작선과 이사카 고타로 소설 등의 해외소설. 중앙장편문학상 수상작(3~5회)과 전경린 장편소설 등의 국내소설. 당시 이미 고인이 되었지만, 웅진의 중요한 저자였던 박완서, 이윤기 선생의 에세이. 그리고 제프 다이어, 에릭 와이너, 데이비드 세다리스 등 유명 해외 작가의 에세이까지.

당시 나는 내가 만든 모든 책을 사랑했다. 저자도 모두 훌륭한 분이었고, 책 내용도 더할 나위 없이 좋았다.

선배들의 도움을 받아 심혈을 기울여 책을 만들었고, 책을 한 권씩 만들어나갈수록 편집자로서 조금씩 더 성장해간다고 스스로 느낄 수 있었다.

하지만 그렇게 성장하며 편집자로서의 자의식이 커질수록, 그에 버금가는 크기의 불안과 두려움이 쌓이기 시작했다.

내가 만든 책이 팔리지 않는다.

진짜 좋은 책인데, 저자도 유명한 분인데, 그래도 책이 안 팔렸다. 1만 부 이상 팔린 책은 한 손으로도 너끈하게 꼽을 수 있었고, 3만 부 이상 팔린 책은 전무했다. 일도 적성에 잘 맞고, 함께 일하는 동료도 좋고, 업무량도 적절했으니 더 많은 걸 바라면 안 된다고 생각하면서도, 불안한 마음이 내 몸 어딘가에 숨죽이고 있었다.

이래서 내게 편집자로서 미래가 있을까.

지금은 어리고 아직 배우는 입장이니 그럭저럭 넘어간다 해도, 나이가 더 들면? 임프린트 대표나 주간이라고 해봐야 마흔 살 언저리였고, 그보다 나이가 더 많은 선배 편집자는 회사 전체로 봐도 몇 명 없었다. 꼰대 없는 젊은 조직이라 좋았지만, 한편으론 불안했다. 편집자로 오래 일하는 것이 현실적으로 쉽지 않다는 사실을 터득하는 중이었다.

그래서 연차가 쌓일수록 나는 베스트셀러에 목이 말랐다. 처음부터 끝까지 혼자 힘으로 책을 만들고, 그 책을 잘 파는 방법을 아는 것 말고는 다른 생존의 길이 보이지 않았다. 하지만 연차가 조금씩 쌓여도 그런 기회는 좀처럼 오지 않았고, 그럴수록 나는 도망치고 싶다는 생각을 자주 했다.

출판일을 그만두려고 다른 업계로의 전직을 준비하기도 했고, 편집자들이 오래 다닐 수 있을 것 같은 출판사나 대학 교재라는 자체 수요가 있는 대학교 출판부로의 이직을 시도하기도 했다. 하지만 합격에 성공했을 때도 나는 떠나지 못했다. 스스로의 힘으로 베스트셀러를 만들지 못하면, 결국 어떤 선택을 하더라도 근원적인 문제 해결은 불가능하다고 생각한 것도 있었지만, 그보다는 역시 나는 독자들에게 선택받고 사랑받는 책을 만들고 싶었다.

웅진에서 문학 편집자로 일하던 당시 내겐 자격지심이 있었다. 소수의 문학 전문 출판사에서 나온 책이 아니면 진지한 문학책으로 인정받지 못한다는 것. 사실이 그랬는지 아닌지는 모르지만, 어쨌건 그때의 나는 그렇게 느꼈다. 독자도, 서점도, 언론사도, 비평가도 우리가 만든 책을 진지하게 취급해주지 않는 것처럼 느꼈다. 그래서 저자들도 그 소수의 문학 전문 출판사가 아니면 책을 출간하길 꺼리는 것 같았다. 마치 같은 야구를 해도 빅리그에서 뛰지 못하고 마이너리그에서 뛰는 느낌이랄까.

아니, 엄밀히 말하면 이런 판단은 근거 없는 핑계에 불과했다. 무능한 나를 탓하기 싫으니 세상을 탓한 것이다. 실제로 나는 편집자로서 절대 하면 안 되는 생각마저 하기 시작했다. 바로 독자를 탓한 것이다. 베스트셀러 목록을 보면서 나도 모르게 삐뚤어졌다. '왜 독자들은 좋은 책은 안 사고, 안 좋은 책만 골라 사는 걸까?' 그런 말도 안 되는 생각.

대학에서 문학을 전공했고, 20대 시절 제법 많은 문학작품을 읽어오면서, 나에겐 좋은 문학과 그렇지 않은 문학을 나누는 나름의 기준이 있었다. 당연히 객관적인 기준 따윈 아닐 것이고 그저 내 취향일 뿐이었지만, 독자들의 기준을 이해할 수 없었던 나로서는 고작 독자를 탓하는 것 말고는 할 수 있는 게 없었다. 그렇게 꼬

장꼬장해지는 나 자신을 보면서 더는 이대로 두면 안 될 것 같다고 느꼈다. 감히, 독자를 탓하다니. 독자가 왕인데, 아니 신인데!

그래서 분야를 바꾸기로 했다. 그냥 문학을 버리자. 내가 너무 잘 알고 좋아하는 문학을 해서 오히려 성과가 안 나는 것일 수도 있으니까. 조금 더 거리를 두고, 비교적 일반 독자의 눈으로 볼 수 있는 다른 분야의 책을 만들면 어떨까. 게다가 다른 분야는 문학처럼 문단 권력 같은 것도 없을 테니, 좀 더 해볼 만하지 않을까.

결과적으로 보면, 이 판단이 당시 자격지심의 늪에 빠져 있던 나를 구했다. 심리적으로도 재출발이 필요했던 만큼 나는 회사도 옮기기로 마음먹었다. 이왕이면 마케팅을 잘하고 베스트셀러를 잘 만드는 회사로 옮기고 싶었다. 그래서 인플루엔셜로 옮겼고, 책 한 권 겨우 만들 정도로 짧게 있다가 다시 다산북스로 옮겼다. 자기계발서와 경제경영서를 주로 만드는 팀이었으니 새로운 분야에 도전하는 셈이기도 했다.

당시의 내게 다산북스는 내가 찾고 있던 답을 가장 분명하게 갖고 있는 출판사처럼 보였다. 우선, 앞서 말한 문학 전문 출판사가 아니었음에도 소설을 잘 만들고 잘 팔았다. 『오베라는 남자』 같은 상업소설부터 『예감은 틀리지 않는다』 같은 순문학까지 해외문학 분야에서 좋은 성과를 내고 있었다. 『난설헌』 『프린세스 바리』 『홍도』 등 혼불문학상 작품들도 베스트셀러에 올랐다. 웅진에서 3년간 중앙장편문학상 수상작들을 직접 담당했기에, 다산북스 문학팀의 활약이 얼마나 대단한 건지 절실히 느낄 수 있었다.

이곳이라면 내가 원하던 답을 찾을 수 있지 않을까. 나는 그렇게 기대했고, 내 예감은 틀리지 않았다.

10만 부 베스트셀러의 탄생

웅진에서 편집자의 일에 관한 거의 모든 것을 김보경 대표(지금은 지와인 대표)에게 배웠다면, 편집자로서 가져야 할 마케팅 역량에 관한 거의 모든 것은 이직 후 다산북스에서 만난 김선준 팀장(지금은 포레스트북스 대표)에게 배웠다. 그리고 어쩌면 가장 중요한, 비즈니스로서의 출판에 관한 거의 모든 것은 다산북스 김선식 대표에게 배웠다.

인터뷰나 강연 등 기회가 있을 때마다 이 세 분 출판 선배 이야기를 많이 하는데, 그만큼 내가 알고 있는 많은 것이 이 선배들로부터 왔기 때문이다. 이 책에서 내

노하우라고 정리한 것들도 당연히 전적으로 그들로부터 온 것이다. 세 분 모두 출판 관련 책을 직접 쓰신 적은 없으니, 어쩌면 소크라테스, 석가모니, 공자, 예수의 가르침을 정리해 책으로 엮은 그들의 제자 역할을 내가 미약하게나마 하는 건지도 모르겠다.

김선준 팀장이 당시 담당자였던 김상흔 편집자(지금은 도서출판 흔 대표)와 함께 『레버리지』를 만들고 파는 것을 바로 곁에서 지켜본 건 엄청난 행운이었다. 아이템 기획과 콘셉트 개발, 제목 짓기와 카피 뽑기, 표지디자인 디렉팅과 마케팅 플랜 수립 등, 그 책이 베스트셀러가 되는 모든 과정을 같은 팀 동료로서 함께했다.

『레버리지』는 20만 부 이상 판매된 책으로, 8년이 지난 지금도 꾸준히 팔리는 다산북스의 효자 상품이다. 책 띠지나 서점 광고에서 메인카피로 쓰인 문구는 "돈은 그렇게 버는 게 아니다"였는데, 처음에 나는 이 카피가 이렇게 먹힐 줄 몰랐다. 신기하게도, 이 카피의 위력은 엄청났다. 노출될 때마다 독자들의 눈을 단번에 사로잡았고, 오래지 않아 이 카피를 비슷하게 따라 하는 다른 출판사들도 넘쳐났다.

내가 만든 일부 책들도 김선준 팀장의 도움을 받아

분야 베스트셀러에 올랐다. 팀장, 팀원의 관계로 2년 정도 함께했는데, 그 기간 동안 『4차 산업혁명 이미 와 있는 미래』 『1등의 통찰』 『니체의 인간학』 『골목길 자본론』 등이 좋은 성과를 냈다. 그때까지만 해도 아직 10만 부 책은 만들지 못했지만, 어쨌건 최소한의 돌파구는 보이는 것 같았다.

그러다 얼마 후 김선준 팀장은 포레스트북스를 설립하면서 퇴사했고, 나는 우리 팀의 새로운 팀장이 되었다. 팀장 첫해 때는 성과가 변변찮았지만, 그가 남겨준 빛나는 유산들로 목표 매출 90퍼센트를 달성했다. 꾸준히 판매되는 좋은 구간을 만드는 것이 얼마나 중요한지 몸소 체험했다.

본격적인 성과는 팀장 두번째 해인 2019년부터 나왔다. 이때부터 10만 부 이상 책이 등장한다. 당연히 담당 편집자는 따로 있었고, 나는 운 좋은 팀장으로서 담당자들과 함께했다. 그러고 보면 나는 선배 운만 있었던 게 아니라, 후배 운도 엄청났다. 그들이 없었다면 절대 경험하지 못했을 10만 부 책들이었다.

이쯤에서 우리가 만든 10만 부 책들을 소개하겠다.

2장부터 구체적으로 다루게 될 기획, 편집, 마케팅

도서명	출간 연도	저자	편집자	마케터	디자이너	출판사
철학은 어떻게 삶의 무기가 되는가	2019	야마구치 슈	임경진	최혜령 박태준	황정민	다산북스
돈 공부는 처음이라	2019	김종봉, 제갈현열	임소연	최혜령 박태준	양진규	다산북스
역사의 쓸모	2019	최태성	임경진	최혜령 박태준	이은주	다산북스
내가 원하는 것을 나도 모를 때	2020	전승환	김대한	최혜령 박태준	황정민	다산북스
애쓰지 않고 편안하게	2020	김수현	임소연	최혜령 박태준	황정민	다산북스
아비투스	2020	도리스 메르틴	박혜원	최혜령 박태준	황정민	다산북스
럭키	2021	김도윤	윤성훈	전승환	김누	북로망스
어서 오세요, 휴남동 서점입니다	2022	황보름	윤성훈	신동익	최우영	클레이하우스
나는 나로 살기로 했다 (개정판)	2022	김수현	윤성훈	신동익	심아경	클레이하우스
비가 오면 열리는 상점	2023	유영광	김대한	신동익	심아경	클레이하우스

노하우들 역시, 우리가 만든 이 10종의 10만 부 책들 사례가 중심이 될 것이다. 보고 들은 사례로 내용을 채울 수도 있으나, 직접 경험한 사례를 통할 때 더 구체적이고 진정성 있는 이야기를 할 수 있을 것 같아서다.

이 중에서 『철학은 어떻게 삶의 무기가 되는가』『역사의 쓸모』『내가 원하는 것을 나도 모를 때』『애쓰지 않고 편안하게』『어서 오세요, 휴남동 서점입니다』는 30만 부가 넘었거나 그 가까이 팔린 책이고, 『돈 공부는 처음이라』『아비투스』『비가 오면 열리는 상점』은 10만 부 넘게 팔린 책이다. 『럭키』는 내 평생 유일하게 외주 편집자로 참여한 책으로, 이 책 역시 10만 부 넘게 팔렸다. 『나는 나로 살기로 했다』는 100만 부가 훌쩍 넘은 책이지만, 클레이하우스에서 나온 개정판으로 한정하면, 갓 10만 부가 팔린 책이다.

5년 동안 우리는 10만 부 이상 책을 10종 만들었다. 팀원들과 함께 울고 웃으며 정말 치열하게, 신나게 일했다. 교보문고에서 6주 동안 종합 1위를 차지했던 『철학은 어떻게 삶의 무기가 되는가』가 한창 잘 팔릴 때는 도파민과 아드레날린이 폭발해서 잠도 제대로 자지 못했다. 판매부수를 확인하기 위해 매일 새벽, 흥분 속에서 서점 scm을 들락날락했고, 판매가 곧 떨어지는 거 아닌가 하는 불안감에 전전긍긍했다.

6년이 지난 지금, 나를 포함한 편집자 다섯 중 셋이 출판사 대표가 되었다. 나는 2021년에 클레이하우스를 창업했다. 함께 영광의 순간을 누렸던 임경진 편집자는 2023년에 프런트페이지의 대표가 되었고, 마찬가지로 좋았던 모든 순간을 함께했던 김대한 편집자는 2024년 말, 알키미스트의 대표가 되었다. 함께 작업했던 다른 편집자, 마케터, 디자이너도 여전히 현업에서 활발히 일하며 활약하고 있다.

함께 일한 동료들의 실명을 제법 많이 거론했는데, 이건 정말 어쩔 수 없는 거다. 출판은 오롯이 사람이 하는 일이고, 혼자서는 절대 할 수 없는 일이며, 저 10종의 책이 10만 부 이상의 베스트셀러가 된 것 역시, 여러 사람의 협업을 통해 가능했기 때문이다. 그 사실을 강조하고 싶어서 함께 작업했던 동료들의 실명을 밝혔다. 시간이 한참 지난 후에도 그들과 함께했던 그 순간들이 많이 그리울 것 같다.

2장

팔리는 책을 위한 기획의 기술

제품 제조업자로 스스로를 정의하라

출판사 창업을 하고 사업자 등록을 할 때, 출판업은 제조업이 아니라 정보통신업에 속한다는 걸 처음 알았다. 하긴, 출판사가 인쇄 기계나 제본 기계를 직접 가지고 있는 경우는 흔치 않으니 굳이 따지면 제조업이라고 하기 어려운 게 맞았다. 그래도 출판사에서의 편집 업무는 다른 제조업의 연구개발 부문과 일맥상통하는 점이 많기에 나는 스스로를 제품 제조업자라고 규정하는 게 좋았다.

그리고 어쩌면 그게 내가 이 일을 좋아하는 중요한 이유였다. 문과대 졸업생인 우리가 유일하게 만들 수 있는 제품은, 다름 아닌 책이니까.

모든 제조업 회사의 업무는 크게 세 가지로, 만드는 일, 파는 일, 그리고 관리하는 일로 구분이 된다. 연구개발 부서에서 제품을 만들면, 영업 및 마케팅 부서에서 그 제품을 판다. 그리고 이 사업이 잘 돌아갈 수 있도록 경영관리 부서에서 조직과 돈의 흐름을 관리한다. 다른 제조업 분야라면, 공대 출신이 아닌 우리는 대부분 파는 일을 하거나 관리하는 일을 할 것이다.

출판업을 제조업으로 규정하면, 편집자는 출판사가 만드는 제품, 즉 책의 개발자가 된다. 그러면 '좋은 책을 만들고 싶다'는 막연한 바람 대신 제조업 개발자의 마인드를 장착할 수 있고, 제조업의 신제품 개발 프로세스에 따라 기획부터 편집까지 하는 넓은 시야를 가질 수 있다. 스스로를 '출판 편집자'라는 틀 안에만 가둬놓고 있으면 쉽게 닿기 힘든 범위의 시야다.

제조업에서 신제품 개발(NPD, New Product Development)은 크게 네 단계로 구분된다.

1단계, 아이디어 도출과 선정. 아이디어 도출을 위해서는 시장조사가 선행되어야 하고, 그 아이디어를 검증하고 선정하기 위해서는 직간접적으로 시장의 반응을 확인해야 한다.

2단계, 콘셉트 개발. 콘셉트란 그 제품의 존재 이유다. 시장의 기대에 대한 기업의 화답이라고도 표현할 수 있다. 출판 업계에서도 콘셉트라는 말은 지겹도록 많이 쓰는 걸 보면, 역시 우리가 하는 일은 제조업이 맞는 것 같다. 콘셉트에 대해서는 3장에서 더 자세히 다뤄볼 것이다. 더불어 마케팅 전략을 수립하는 것도 이 단계에서 이뤄진다.

3단계, 제품 개발. 아이디어와 콘셉트로만 있던 것이 물성을 가진 실제 제품으로 구현되는 단계다. 제품 스펙과 디자인 등이 모두 결정되고, 제품에 하자가 없는지 안정성은 확보되었는지 등을 검토한 후에 출시를 최종 확정한다.

4단계, 제품 출시. 그 제품을 얼마나 만들 건지 수량을 정하고, 실제 생산하여 시장에 내놓는다. 사용자의 피드백도 얻고, 초기 마케팅 활동에 대한 평가를 통해 마케팅 전략을 유지할 것인지 바꿀 것인지 정한다.

책을 만들 때도, 우리는 이 개발 과정을 크게 벗어나지 않았다. 『아비투스』라는 책을 통해 이 과정이 어떻게 이뤄지는지 살펴보자.

① 아이디어 도출과 선정

2019~2020년 당시 인문 분야는, 감히 말하건대 우리 팀이 선도하고 있었다. 『철학은 어떻게 삶의 무기가 되는가』 『역사의 쓸모』 『내가 원하는 것을 나도 모를 때』 등, 대형 베스트셀러가 잇따라 나오던 시절이었다. 우리는 '쓸모 있는 인문학'이라는 카테고리를 우리 손으로 만들었고, 오프라인 서점에서는 이런 실용적인 인문교양서를 따로 모은 매대까지 생겨났다. 그러니 시장에 대한 이해도는 우리 팀 모두 매우 높은 편이었다.

트렌드가 살아 있으니, 관련 기획은 계속 나와야 했다. 자기계발서형 인문서는 여전히 통한다고 판단했다. 그런 시기에 저작권에이전시에서 보내준 뉴스레터에서 『아비투스』라는 책을 발견했다. 독일 컨설턴트가 쓴 인문서인데, 노골적으로 '계급 상승'을 다루고 있었다. 당시 아이디어 도출 단계에서 우리가 주목한 것은 아비투스(Habitus)라는 개념이 자기계발서의 필승 키워드인 '습관(Habit)'을 품고 있다는 사실이었다.

② 콘셉트 개발

"습관(Habit)보다 강한 아비투스(Habitus)의 힘." 그것이 우리가 잡은 콘셉트였다. 사회학자 부르디외가 만든 학술적 개념이 자기계발적 니즈를 건드리는 콘셉트로 도약했다. 물론 니즈만 자기계발적일 뿐, 이 책은 엄연히 인문교양서여야 했다. 쓸모 있는 지식이 가득한 품격 있는 책을 지향했다. 그래서 "최상층의 인문학"이라는 표현이 나왔다. 마케팅 플랜도 심플했다. 당시 전성기를 누리고 있었던 책식주의, 소행성책방, 북스피릿 등을 통해 카드뉴스 광고를 집행한다. 그렇게 판매가 늘면 서점 광고를 붙여 베스트셀러 자리를 지킨다.

③ 제품 개발

전체적인 제품 스펙과 디자인은 『철학은 어떻게 삶의 무기가 되는가』를 잇는 느낌을 주고자 했다. 그리고 책이 잘 읽히고 의미가 명확히 전달될 수 있도록 윤문과 교정교열에도 공을 많이 들였다. 그리고 본문 구성도 소폭 수정했다. 박혜원 편집자는 7가지 자본 가운데 '심리 자본' 파트가 가장 중요하고 재미있다고 판단했고, 그래서 우리는 원서와 달리 '심리 자본' 부분을 본문의 가장 앞부분에 배치했다.

④ 제품 출시

초판을 정확히 몇 부 찍었는지는 기억나지 않지만, 3000부에서 5000부 사이였을 것이다. 다행히 사전에 세팅해뒀던 초기 마케팅 플랜이 잘 통했다. 카드뉴스 콘텐츠가 노출이 잘 됐고, 높은 조회수만큼 구매 전환율도 좋았다. 특히 '크랩 멘털리티'라는 심리학 개념으로, 나의 성공과 신분 상승을 나와 가장 가까운 사람들이 방해한다는 메시지를 설명하는 콘텐츠가 독자들에게 잘 먹혔다. 예상 밖이었던 결과는 독자층이었다. 의외로 아이를 키우는 엄마들이 이 책에 적극적으로 반응했다. 내 아이에게 좋은 아비투스를 갖게 해주고 싶다는 니즈를 가진 엄마들이 이 책을 읽기 시작했고, 좋은 입소문을 내주었다. 그래서 그다음 단계에서는 엄마들을 타깃으로 하는 마케팅 플랜도 추가적으로 수립했다.

처음부터 될 만한 놈을 찾아라

10만 부 팔리는 책이 되려면, 우선 처음부터 그럴 만한 가능성이 있는 책을 기획해야 한다. 바꿔 말하면 독자가 원하는 책을 만들어야 한다. 저자가 원하는 책이 아니라, 독자가 원하는 책. 그건 10만 부 베스트셀러 만들기의 절대명령이다.

그렇다면 독자가 원하는 책은 어떻게 알 수 있을까. 가장 먼저 생각나는 건 역시 인기 저자의 신간이다. 유시민 작가의 신작, 무라카미 하루키의 신작이라고 하면, 일단 그 자체만으로 중요한 판매 포인트가 된다. 물론 10만 부 정도의 판매가 보장되는 인기 저자는 극히

드물고, 있다 하더라도 출판사 간 모시기 경쟁이 치열한 만큼 계약 성사가 쉬울 리 없다. 저자와의 신뢰 관계든 높은 계약 조건이든 확실한 차별성이 있어야 한다.

두번째는, 다른 곳에서 이미 검증된 책이다. 뉴욕 타임스 1위, 아마존재팬 1위 등의 베스트셀러 성적표나 부커상 수상작, 노벨문학상 수상작 등의 수상 실적, 또 넷플릭스 시리즈 제작, 20세기폭스사 영화 제작 등의 영상화 이슈 같은 것들이다. 주로 외서를 기획할 때는 이처럼 확실히 현지에서 이미 검증된 책을 고르는 것이 아무래도 성공 확률이 높다. 물론 현지 국가의 독자와 한국 독자들의 니즈가 완전히 다른 경우도 많으니, 어디까지나 참고 사항일 뿐이란 걸 명심해야 한다.

최근에는 국내서를 기획할 때도 이 부분이 중요한 기준이 되고 있다. 텀블벅 등의 크라우드펀딩에서 좋은 성과를 낸 『죽고 싶지만 떡볶이는 먹고 싶어』와 『비가 오면 열리는 상점』 같은 책, 리디북스나 밀리의서재에서 전자책 선출간을 해서 좋은 성과를 냈던 『달러구트 꿈 백화점』과 『어서 오세요, 휴남동 서점입니다』 같은 책이 대표적이다. 이런 작품들은 모두 제한된 독자에 한해서라도 확실히 검증을 받은, 독자가 원하는 책이라고 판단할 수 있다.

세번째는, 마케팅 채널을 확보한 저자의 책이다. 블로그, 유튜브, 인스타그램 등의 소셜미디어 채널에 자신만의 열혈 구독자가 있어서, 초기 판매를 이끌어내는 데 용이한 경우다. 정확한 판매부수를 알 순 없지만, 『박막례, 이대로 죽을 순 없다』나 『웰씽킹』 같은 책은 10만 부는 거뜬히 판매되었을 것이다. 물론 이런 책들 중에는 팬덤 독자들 사이에서만 소비되고, 일반 대중에게 확장되지 못하는 책도 굉장히 많다. 10만 부를 목표로 한다면, 확장성은 필수다.

마지막으로, 인플루언서들의 추천이야말로 베스트셀러 시장에 가장 큰 영향을 미치는 요소지만, 이건 기획 단계에서 고려하기가 쉽지 않다. 예를 들어, 한때 문재인 대통령이 여름휴가 때 읽은 책이나 이동진 평론가가 좋았다고 추천한 책은 높은 확률로 대형 베스트셀러가 되었다. 연예인들이 어떤 책을 재미있게 읽었다고 방송에서 말할 때도 책은 갑자기 불티나게 팔린다. 이처럼 그들의 추천도서가 되는 건 뜻밖의 선물처럼 주어지는 일이기에, 의도를 갖고 준비하긴 쉽지 않고 그저 그들의 취향을 파악해 그들이 좋아할 것 같은 책을 기획하는 것이 우리가 할 수 있는 최선이다.

처음부터 될 만한 놈을 기획해야 한다고, 그 말인즉 독자가 원하는 책을 기획해야 한다고 얘기해놓고, 앞에서 언급한 네 가지 접근법은 엄밀히 말하면 저자나 다른 유명인에게 기댄 전략에 불과하다. 쉽게 생각할 수는 있지만 쉽게 실행할 수는 없는, 알아도 막상 하려고 하면 그림의 떡인 것이다.

그래서 지금부터 하려는 말이 내가 진짜 강조하고 싶은 기획법이다.

나는 모든 베스트셀러는 그다음으로 읽고 싶은 책을 만든다고 믿는다. '시장이 있다'라고 표현할 수도 있고, '트렌드가 살아 있다'라고 표현할 수도 있는데, 아무튼 핵심은 어떤 책을 재미있게 읽은 사람은 그다음으로 읽을 책을 찾는다는 것이다. 『창문 넘어 도망친 100세 노인』을 재미있게 읽은 독자는 그다음 책으로 『오베라는 남자』를 읽었을 것이고, 『빨강머리 앤이 하는 말』을 재미있게 읽은 독자는 그다음 책으로 『보노보노처럼 살다니 다행이야』를 재미있게 읽었을 것이다.

다산북스에서 2019년과 2020년의 우리 팀이 집요하게 '쓸모 있는 인문학'이란 콘셉트에 부합하는 책을 기획했던 것도 이 전제에 따른 결과였다. 우리는 저마다 목표를 갖고 움직였다. 팀원 모두가 '철학의 쓸모'라는 콘셉트로 기획을 준비하고 있을 때, 외서 뉴스레터에서 야마구치 슈의 『무기가 되는 철학(원제)』을 발견했다. 우리가 찾던 콘셉트에 찰떡인 아이템이었기에 망설일 이유가 없었고, 한국어판 제목을 『철학은 어떻게 삶의 무기가 되는가』로 바꾸어 출시했다.

'역사의 쓸모'라는 콘셉트에 부합하는 책은, 이 책의 기획자인 임경진 편집자가 리오넬 메시와 같은 개인기로 최태성 작가 섭외에 성공함으로써 간단히 해결됐다. 저자는 기획자가 제안한 콘셉트, 집필 방식, 마케팅 플랜 등에 대해 전적으로 동의했고, 대학에서 역사를 전공한 기획자의 배경에도 신뢰를 보였다. 그래서 이 책은 콘셉트가 그대로 제목이 되었다. 당시 『철학은 어떻게 삶의 무기가 되는가』가 너무 잘 팔려서, 『역사는 어떻게 삶의 무기가 되는가』라는 제목을 붙여 시리즈처럼 만들까 하고 고민하지 않은 건 아니지만, 다산북스 김선식 대표는 『역사의 쓸모』라는 콘셉트의 힘을 믿어도 좋다고 용기를 불어넣어주었고, 그래서 우리는 자신

있게 정면승부를 했다.

그리고 우리에겐 『문학의 쓸모』라는 아이템도 있었다. 사실 이 기획이 시기적으로는 가장 먼저 준비되었는데, 저자의 사정으로 집필이 하염없이 미뤄지고 있었다. 바로 그때 김도윤 작가의 소개로 전승환 작가를 만났다. 『나에게 고맙다』 등 여러 베스트셀러를 출간한 에세이 작가였고, '책 읽어주는 남자'라는 채널의 운영자이기도 했다. 그는 처음으로 에세이가 아닌 인문 분야 책에 도전을 결심한 상태였는데, 당시 우리 팀이 이 분야에서 좋은 성과를 내고 있었기에 우리를 믿고 의기투합할 수 있었다. 그렇게 출간된 책이 『내가 원하는 것을 나도 모를 때』다. '책 읽어주는 남자'의 정체성을 살려, 문학을 비롯한 인문학이 주는 효용에 초점을 맞췄다. 감성적인 터치가 매력 포인트인 책이기에 전작들과 달리 '쓸모 있는 인문학' 콘셉트를 전면에 내세우지는 않았지만, 앞의 책들과 여전히 같은 선상에 있는 책이라 할 수 있었다.

그리고 앞에서 사례로 든 『아비투스』까지 론칭에 성공하며, 우리 팀은 '쓸모 있는 인문학'이라는 트렌드에 처음부터 끝까지 온전히 올라탈 수 있었다. 독자가 원하는 책을 만들겠다는 팀원들의 공통된 목표가 만든 최선의 결과였다.

익숙하면서도 새로운 제품을 기획하라

"모든 베스트셀러는 그다음으로 읽고 싶은 책을 만든다. 그래서 트렌드가 살아 있는 기획을 해야 한다."

이런 말을 들으면, 그저 잘된 책의 제목을 비슷하게 카피해야 하는 건가, 하고 오해하는 사람이 많다. 하지만 앞서 소개한 네 책의 사례만 봐도 우리는 우리가 만든 책 제목조차 카피하지 않았다. 트렌드가 살아 있는 콘셉트에 반복적으로 도전하면서도, 충분히 새로운 책처럼 보이게 만들었다. 그 책에 잘 어울리는 제목을 붙이는 게 무엇보다 중요하다고 믿었기 때문이다.

우리가 만든 책 제목을 따라 만든 책은 오히려 다른

출판사에서 여럿 나왔다. 사실 나는 다른 출판사에서 우리가 지은 책 제목을 따라 하는 게 싫지 않았다. 이런 책이 나올 때마다 독자들은 우리 책이 생각날 테니, 잘 될수록 오히려 광고 효과마저 있을 것 같았다.

아무튼 콘셉트를 개발할 때 가장 중요한 건 '익숙하면서도 새로운 것'이다. 물론 이런 콘셉트의 제품을 기획하는 건 말처럼 간단하지 않다. 투고 원고 검토만 해봐도 즉각 알 수 있다.

콘셉트 개발을 위해서는 두 가지 산을 넘어야 한다.

'고객의 니즈가 강한가?' 그리고 '그 니즈는 미충족된 상태인가?'

그런데 고객의 니즈가 강한 건, 이미 시장에 비슷한 책이 많이 나와 있다. 익숙한 것은 차별성이 없고 그래서 새롭지 않다. 그렇기 때문에 이런 기획안이 들어오면, 기존 도서들과 큰 차별점이 없다는 이유로 반려한다.

반대로 니즈가 미충족된 상태로 남아 있는 건, 없어도 괜찮기 때문에 책으로 나오지 않은 것이다. 다시 말해 새로운 것은 시장이 좁다. 그래서 이런 기획안이 들어오면, 시장이 좁고 확장성이 떨어진다는 이유로 반려

한다.

그렇다면 '익숙하면서도 새로운 것'은 어떻게 만들 수 있을까?

일단 첫번째 산부터 넘어야 한다. 니즈가 강한 것이어야, 그다음 산을 넘을 기회가 있다. 다른 업계에서도 기본적으로 그렇게 접근한다. 예를 들어, 현대자동차의 아반떼는 북미 콤팩트세단 1위 혼다 시빅을 잡기 위해 기획된 제품이다. 시장이 확실히 있는 곳, 즉 강력한 1위가 있는 곳에 덤벼들어 자신만의 영역을 확보한 사례다. 시장 1위를 차지하면 더할 나위 없지만, 꼭 1위가 아니어도 시장이 충분히 크기에 만족할 만한 결과를 얻을 수 있다.

그 반대되는 사례가 현대자동차의 아슬란이다. 그랜저와 제네시스의 중간급으로 출시한 내수 전용 고급세단인데, 확실히 새로운 제품이었지만 시장이 없었다. 그래서 불과 3년 만에 단종이 결정되는, 불명예스럽게도 현대자동차 역사상 가장 짧은 시기에 단종되는 차로 기록되었다.

『나음보다 다름』에서도 비슷한 맥락에서 '익숙하면서도 새로운 것'을 만드는 방법을 구체적으로 제시한다.

"우리는 흔히 '차별화'라고 하면 먼저 남과 달라야 한다는 데에만 신경을 쓴다. 그러나 도대체 '누구'와 차별화할 것인가? 이것을 먼저 정하지 않으면 차별화 전략은 길을 잃고 우왕좌왕 헤매기 쉽다. 인식의 관점에서 보면, 새로운 제품과 서비스를 만들기 전에 비교가 되는 대표 카테고리, 즉 누구의 등을 밟고 올라설지를 정하는 것이 더 중요하다. 소비자에게 마켓리더와의 유사점을 내세워 제품이 속한 카테고리를 알린 후에 차이점을 인식시키는 것이다."

그러면서 비타500이 어떻게 마켓리더였던 박카스와 차별화해 시장 1위를 차지하게 되는지 설명한다. 비타500은 피로회복제임을 분명히 표방하고 병 모양도 박카스와 비슷하게 만들었다. 이것이 유사점. 대신 비타민C를 많이 넣었다는 사실을 강조하고 수지와 소녀시대 같은 광고모델을 써서 차별화에 성공한다. "박카스처럼 피로회복을 돕는 음료인데, 비타민을 많이 넣은 게 달라. 중장년의 남성만 힘든 게 아니잖아? 젊은 사람도 피곤할 텐데, 이거 마시고 힘내!"

『어서 오세요, 휴남동 서점입니다』도 이 로직을 그대

로 따랐다고 할 수 있다. '누구의 등을 밟고 올라설 것인가?' '마켓리더는 누군인가?' 하는 질문에 우리는 『불편한 편의점』이라는 답을 찾았다. 그래서 독자들에게 마켓리더와의 유사점을 내세우기 위해 『불편한 편의점』의 표지 그림을 그렸던 반지수 작가에게 표지 그림을 의뢰했다.

당시 고객의 니즈가 가장 강했던 '힐링 소설' 시장에 덤벼들었고, 마켓리더와의 유사점을 내세움으로써 첫 번째 산은 넘은 셈이었지만, 여기서 그치면 차별성은 없다. 새로움이라는 두번째 산을 넘기 위해선 차별화도 필수적이다. 그래서 우리가 강조한 차별점은, '책을 좋아하는 사람을 위한 소설'이었다. 한마디로 "『불편한 편의점』 같은 힐링 소설인데, 책을 좋아하는 독자라면 더 내 얘기처럼 읽을 수 있어"라는 말로 정리할 수 있다. 그래서 책을 좋아하는 사람들을 위한 카피를 쓰고, 그들이 있는 곳에 광고를 하는 식으로 마케팅 계획도 수립했다.

한국에서는 판매부수로 『불편한 편의점』에 미치지 못하지만, 전 세계를 기준으로 계산하면 그 차이가 훨씬 줄어들지도 모르겠다. "책을 좋아하는 독자라면 더 내 얘기처럼 읽을 수 있다"는 차별화 포인트는 전 세계적으로 위력을 발휘하는 것이어서, 이 책은 영국, 미국, 일본, 싱가포르, 호주, 브라질, 말레이시아, 튀르키예 등에서 베스트셀러가 되었다.

시장조사를 숨 쉬듯 하라

앞에서 여러 차례 강조했듯, 10만 부 책 기획의 전제 조건은 '독자가 원하는 책'이다. 그리고 한 번 더 반복해서 말하는데, 모든 베스트셀러는 그다음으로 읽고 싶은 책을 만든다. 이런 전제 조건을 전적으로 받아들인다면, 좋은 기획은 결국 '시장조사'에서 시작된다는 것을 알 수 있다.

시장조사는 독자의 욕망과 니즈(필요)를 이해하는 가장 간단한 방법이다. 그리고 좋은 성과를 내는 편집자와 마케터라면 늘 하는 일이기도 하다. 가장 쉬운 예가 서점 방문일 텐데, 서점에서 베스트셀러 목록을 확인하고, 내가 관심 있는 분야의 신간 도서를 살펴보고, 주요 경쟁사에서 현재 어떤 책을 강하게 밀고 있는지를 파악하는 행위다. 서점을 조금만 돌아다니면 알 수 있는, 누구나 할 수 있는 간단한 일이다.

하지만 이것만으로는 한참 부족하다. 오늘 한 번 본 것으로는 의미 있는 답을 도출하기가 어렵다. 다시 말해, 베스트셀러 목록이 중요한 게 아니라 그 목록의 변화가 가치 있는 정보다. 시간의 흐름에 따른 시장 상황의 변화를 캐치하는 것이 시장조사의 본질인 것이다. 그러니 시장조사는 날 잡고 한 번 하는 이벤트 같은 것이 아니라, 매 끼니를 챙기는 것처럼 주기적으로 하는 일이어야 한다. 베스트셀러의 변동과 신간 출간 경향 등 전체적인 출판시장을 파악하는 건 절대 하루아침에 이뤄지지 않는다. 조급한 마음을 버리고, 꾸준히 밥 먹듯 하다 보면, 어느새 자연스레 전체적인 그림이 그려진다.

여기에서 더 욕심을 내자면 서점 밖 트렌드에도 관심을 가질 수 있다. 정치, 경제, 연예, 스포츠 등 사회 전체적인 분위기를 흔드는 요소에 민감해지고, 현재 학계에서 논의되고 있는 중요한 이슈나 해외 동향까지 레이

더망에 있다면, 당연히 지금 독자들이 원하는 책의 콘셉트를 발견할 가능성이 훨씬 더 커진다. 비트코인, 에어프라이어, 저속노화 등 갑자기 떠오르는 키워드가 있을 때는, 그 키워드를 선점하는 것이 무엇보다 중요했다는 걸 시간이 지난 후에 보면 더 분명히 알게 된다.

지금까지 설명한 건 대부분의 기획자가 이미 하고 있는 시장조사일 것이다. 10만 부 책 기획을 위해서는 여기에서 한 발 더 나아갈 필요가 있다. 다음은 더 나은 시장조사를 하고 싶은 사람들을 위한 몇 가지 팁이다.

① 베스트셀러가 된 이유 알기

베스트셀러 목록을 머릿속에서 훤히 알고 있는 것만으로도 훌륭하지만, 그 책들이 왜 판매가 잘되었는지까지 알아야 진정한 의미의 시장조사가 이뤄진다. 그냥 팔리는 책은 없다. 모든 책은 팔리는 이유가 있는데, 내가 모르고 있을 뿐이다.

이 글을 쓰고 있는 2025년 3월 3일 현재 온라인 서점 베스트셀러 탭을 클릭했더니, 의외의 책이 종합 베스트셀러 1위에 올라와 있다. 존 윌리엄스의 『스토너』다. 이미 10년 전 '이동진의 빨간책방'에 소개된 후 오랜 세

월 꾸준히 판매되는 스테디셀러이긴 한데, 갑자기 종합 1위라니? 검색해보니 홍진경과 김영철이 몇 년 전에 '인생 책'이라고 이야기한 영상이 다시 바이럴이 된 모양이다. 몇 주 전엔 장원영이 『초역 부처의 말』을 소개해서 여전히 베스트셀러 상위권을 지키고 있다. 이처럼 검색 한 번으로 쉽게 알 수 있는 책들도 있지만, 검색만으로는 알 수 없는 베스트셀러도 많다. 그럴 때는 직접 물어봐야 한다. 그 회사에 아는 사람이 있으면 직접 물어보면 되고, 아는 사람이 없다면 건너 건너 물어보면 된다. 귀찮고 성가신 일이지만, 그렇게 자주 물어서 베스트셀러가 된 책들에 대한 잡다한 배경 정보가 많아질수록 어떤 책을 기획해야 하는지, 내가 준비하고 있는 책의 마케팅을 어떻게 계획해야 하는지에 대한 감이 생긴다.

② 비어 있는 시장 확인하기

시장조사를 하다 보면, '지금 살아 있는 트렌드'에 대해서는 자연스레 파악할 수 있다. 요즘 소설 분야에서는 이런 책이 잘나가는구나, ○○○이 추천을 하면 바로 베스트셀러가 되는구나, 그 사람은 이런 책들을 좋아하는구나. 이런 식의 답이 나오게 된다. 하지만 여기서 더 나아가 '지금 비어 있는 시장'에 대해서도 함께 파악하면, 더 넓은 시각으로 기획 아이템을 찾는 안목이 생긴다.

특히 니즈는 살아 있는데, 거기에 맞는 책이 나온 게 없다면 더욱 서둘러서 기획 아이템을 찾아야 한다. 예를 들어, '부를 이루는 법'에 대해 이야기하는 경제경영서는 늘 독자가 풍부하게 있는 시장이다. 그래서 이 카테고리에는 『부자 아빠 가난한 아빠』 『부의 추월차선』 『레버리지』 등, 경제경영 분야로서는 이례적으로 스테디셀러가 많다. 그런데 2018년 당시 우리가 분석하기엔, '2030 젊은 세대를 위한 부를 이루는 법' 시장은 비어 있었다. 그래서 발 빠르게 기획한 책이 『돈 공부는 처음이라』였다. "0원부터 시작하는 난생처음 부자 수업"이 부제였고, "500만 원이 있다면, 이번 생은 틀리지 않았다"가 메인카피였다. 본문도 행갈이가 많은 에세이 형식으로 작성하여 가독성을 극대화했다. 철저히 사회 초년생을 타깃으로 만든 것이다. 그렇게 트렌드가 살아 있으면서도 비어 있는 시장에 대한 정확한 시장조사가 이뤄졌기에 5년이 훌쩍 지난 지금도 꾸준히 판매되는 10만 부 책으로 자리 잡을 수 있었다.

③ 내가 만들 책에 적용하기

앞선 사례에서 소개했듯, 시장조사를 했다면 반드시 적용할 거리가 나온다.

모든 편집자에게는 지금 만들고 있는, 혹은 앞으로 만들어야 할 책이 있고(편집), 언젠가 만들고 싶은 책이 있다(기획). 시장조사를 숨 쉬듯 하다 보면, 편집하는 책과 기획하는 책 역시 자신이 했던 시장조사 결과에 절대적인 영향을 받게 된다. 그냥 내가 좋아서, 내 취향이라서, 내가 읽고 싶어서 만드는 책이 아니라, '독자가 원하는 책'을 만드는 방향으로 체질 개선을 하게 된다.

예를 들어, 내가 만들고 있는 책이 에세이인데, 지금 에세이 시장은 팬덤이 있는 저자의 책들만 움직인다는 결과를 얻었다고 해보자. 그런데 내가 만들고 있는 에세이의 저자는 전혀 팬이 없다. 그렇다면 과감하게 자기계발서로 분야를 바꾸고, 지금 자기계발 카테고리에서 살아 있는 키워드를 활용해 처음 기획했던 것과는 크게 다른 방향으로 콘셉트를 바꿀 수도 있다. 당연히 말도 안 되게 억지로 갖다 붙여서는 더 나쁜 결과만 나올 뿐이니, 이런 큰 전환이 있을 때는 더 정교하게 작업해야 한다.

분야를 바꿔
새로운 아이템을 제안하라

기획이 어렵다는 초년 편집자들이 자주 이야기하는 핑계, 그 첫번째.

"팔리는 책을 기획해야 하는데, 팔리는 저자들은 이미 다 임자가 있잖아요. 관계가 좋은 출판사도 이미 있고, 계약된 건도 많을 것 같고……. 저한테까지 과연 기회가 올까요?"

틀린 말이 아니다. 나도 그렇게 생각했고, 지금도 그렇게 생각한다. 그런데 꼭 그런 건 아니더라. 결국 두드리는 자에게 기회가 온다. 저자 본인도 모르고 있던, 저자가 진짜 원하는 도서를 제안하면, 저자는 그런 기획을 제안해준 편집자와 함께 일하고 싶어진다.

2009년 첫 직장인 웅진지식하우스에 입사했을 때, 우리 브랜드에서 가장 잘나가는 책은 유시민 작가의 『청춘의 독서』였다. 사실 지금도 그렇지만, 유시민 작가는 출판사 두 곳에서만 책을 내는 것으로 알려져 있었다. 그런데 웅진에서 그의 책이? 처음에 나는 선배 중에 누군가가 그와 긴밀한 관계에 있을 거라 지레짐작했지만, 알고 보니 전혀 그렇지 않았다. 정말 순수하게 작가의 마음을 정확히 꿰뚫은 기획안 하나로 그의 마음을 연 것이었다. "청춘의 시절에 품었던 의문들에 대답해주었고, 지금의 고민하는 젊은이들이 품은 뜨거운 질문에도 대답해줄 수 있는 책들을 소개하는 책"을 써보자는 제안을 그는 도저히 거절할 수 없었다. 선인세와 인세 등의 계약 조건도 일반적인 수준이었다.

이런 사례가 흔하게 있는 건 아니지만, 그렇다고 영 없는 것도 아니다. 저자의 마음을 사로잡는 좋은 기획안이야말로 엄청난 가능성 그 자체다.

그렇다면 좋은 기획안이란 무엇일까? 여러 측면에 초점을 맞출 수 있겠지만, 여기서는 내가 중요하게 생각하는 '요령' 하나를 소개하려고 한다. 특히 이미 유명한 작가에게 보내는 기획안일 때는 더 큰 위력을 발휘하는 요령이다. 바로 '기존의 분야와 다른 새로운 분야의 아이템을 제안하는 것'이다.

이미 챔피언의 지위를 획득한 출판사는 굳이 이런 노력을 할 필요가 없을지도 모르지만, 도전자의 지위에서 실낱같은 기회를 엿보는 입장에선 꽤 유용한 방법이다. 앞서 예로 든 『청춘의 독서』 같은 경우에도, 일종의 새로운 분야를 제안한 것으로 볼 수 있다. 넓게 보면 작가가 원래 주로 집필해온 인문 분야의 책이긴 하지만, 카테고리를 더 좁혀 '책 읽기 책'을 제안했다고 생각하면, 그에겐 새로운 분야에 대한 도전으로 이해되었을 수도 있다.

최태성 작가의 『역사의 쓸모』도 마찬가지다. 이 책이 출간되기 전까지 그는 '한국사능력검정시험' 수험생을 위한 학습서 분야의 최강자였다. 한국사에 대한 지식을 제공하는 역사 분야의 책도 한 권은 나와 있었다. 그런 그에게 기획자는 분야를 바꿔, 인문 분야의 책을 제안한다. 역사를 설명하는 책이 아니라, 역사를 통해 오늘의 고민을 해결하는 방법을 알려주는 『역사의 쓸모』라는 기획. 수험생을 넘어, 보다 넓은 독자층과 소통하길 바라는 작가의 마음을 정확히 꿰뚫은 좋은 기획이었다.

전승환 작가의 『내가 원하는 것을 나도 모를 때』도 비슷한 경우다. 그전까지는 에세이 분야의 책만 출간한 그였지만, '책 읽어주는 남자'라는 채널을 오랜 기간 운영해오고 있었던 만큼, 그에겐 인문 분야에 도전하고 싶은 마음이 크게 자리 잡고 있었다. 그리고 새로운 분야에 도전하는 것이었던 만큼, 그는 새로운 출판사를 찾는 중이었다. 타이밍이 좋았던 게, 당시 우리 팀은 『철학은 어떻게 삶의 무기가 되는가』와 『역사의 쓸모』가 연달아 대형 베스트셀러가 되며, 인문 분야 출판사 중에서 가장 두드러진 성과를 내던 시기였다. 그렇게 우리는 초기 기획부터 집필 및 편집, 그리고 마케팅 전반에 이르기까지 긴밀한 협업을 통해 또 한 번의 성공 사례를 만들었다.

최근 몇 년 동안은 에세이 작가들이 소설에 도전하는 경우도 많았다. 어떻게 보면 클레이하우스가 그 첨병 역할을 해온 셈인데, 황보름 작가의 『어서 오세요, 휴남동 서점입니다』, 이수연 작가의 『마지막 마음이 들리는 공중전화』, 고수리 작가의 『까멜리아 싸롱』이 모두 에세이 작가의 첫 소설이었다. 이처럼 도전자의 지위에 있는 출판사가 좋은 작가들과 협업할 기회를 얻기 위해선, 새로운 분야에 도전하고 싶어 하는 그들의 마음을 알아차릴 필요가 있다.

기획안 완성도를 높이는 일에 애쓰지 마라

기획이 어렵다는 초년 편집자들이 자주 이야기하는 핑계, 그 두번째.

"기획안의 중요성을 말씀하셨지만, 기획안의 완성도를 높이는 데 시간이 많이 걸려요. 저자가 혹할 정도로 괜찮은 게 그냥 나올 리 없잖아요? 그냥 많이 만나라고 조언해주시는 분도 있지만, 기획안이 없으면 자신감도 없고, 막상 만나도 무슨 말을 해야 할지 모르겠어요. 정리가 안 되어 있는 상황에서 저자를 만나는 건 오히려 악영향만 미치게 되는 것 같아요. 기획안을 쓰는 과정에서 내 머릿속에서도 정리가 되니 기획안에 공들이는 건 너무 당연하지 않나요?"

이것 역시 맞는 말이다. 저자가 혹할 정도로 괜찮은 게 그냥 나올 리 없다. 그러면 어떻게 해야 저자가 혹할 아이템을 발견할 수 있을까? 가장 좋은 방법은 당연히 직접 만나서 대화를 나눠보는 것이다. 그러니 일하는 순서를 바꾸자. 좋은 기획안을 만들어서 저자에게 제안하는 것이 아니라, 저자와 먼저 만난 후에 그가 좋아할 만한 기획안을 쓰는 것이다.

왜냐하면, 경쟁사는 우리보다 빨리 움직이고 있기 때문이고, 기획안 쓰기에 공들이다가 이미 늦어버리는 경우가 비일비재하기 때문이며, 사실 직접 만나지 않고 기획안을 쓰다 보면 그 내용이 탁상공론에 불과할 때가 많기 때문이다.

그렇다면 기획안 없이 만나서, 도대체 무슨 이야기를 나눠야 할까? 다음 다섯 가지면 충분하다.

① 전작에 대한 찬사

일단 내가 당신의 열렬한 독자임을 알리는 게 좋다.

책을 다 읽었음을 어필하고, 특히 어떤 점이 좋았는지를 구체적으로 이야기한다. 저자의 입장에서 보면, 자신의 책을 꼼꼼히 읽고 애정을 표현해주는 것보다 더 기쁘고 감사한 일이 또 뭐가 있겠는가. 전작에 대한 찬사만으로 심리적 거리감을 단번에 좁힐 수 있다.

② 저자에 대한 애정 표현

다음은 애정 표현이다. 전작에 대한 찬사와 한 묶음이라고 생각해도 좋다. 이것 역시 막연하고 근거 없는 애정 표현이 아니라, 구체적인 정보에서 비롯된 것이어야 한다. 실제로 좋아하면 파게 되어 있다. 전작을 다 읽는 것을 넘어, 저자가 출연했던 팟캐스트 방송이나 유튜브 방송도 찾아보고, 어딘가에 썼던 칼럼도 읽어보고, 언론사 인터뷰 같은 것도 찾아보게 된다. 그렇게 알게 된 저자에 대한 정보를 기반으로 대화를 나누면 자연스러운 애정 표현이 가능해진다. 저자 역시 자신을 좋아하고 잘 이해하는 편집자와 일하고 싶지 않겠는가.

③ 저자를 위한 넥스트 스텝 제안

사실 앞의 두 이야기만으로 충분할 수도 있다. 그렇

게 라포(상호신뢰)가 형성되면, 저자는 자신이 쓰고 싶어 하는 다음 책에 대해 털어놓을 수도 있고, 그러면 그렇게 알게 된 내용을 기반으로 자세한 기획안을 준비하면 된다.

그럼에도 한 가지 더 준비해 간다면, 그것은 바로 '넥스트 스텝'이다. 저자에 대한 애정이 충분한 편집자만이 할 수 있는 적절한 제안을 하는 것이다. 이를테면 앞서 요령이라고 설명했듯, 새로운 분야에 대한 도전을 '넥스트 스텝'으로 제안할 수 있다. 저자는 누구나 동어반복이나 자기복제를 하고 싶어 하지 않고, 독자층을 확대하고 싶어 한다. 그러니 그런 고민을 시원하게 긁어주는 '넥스트 스텝'을 제안한다면, 저자는 그 편집자를 훨씬 더 신뢰하게 될 것이다.

④ 넥스트 스텝을 표현하는 한 줄 콘셉트

'넥스트 스텝'을 제안할 때는 할 줄 콘셉트가 필요하다. '청춘의 독서'나 '역사의 쓸모'처럼 한 줄 콘셉트는 그 자체로 좋은 제목이 되기도 한다. 저자가 그 강렬한 한 줄 콘셉트에 꽂힌다면, 사실 그 이후에 준비하게 될 기획안은 절반 이상 먹고 들어가는 것이나 다름없다.

⑤ 그 콘셉트의 책을 왜 내가(우리 출판사가) 잘할 수 있는지 어필

수사학의 3요소는 로고스(Logos, 논리)와 파토스(Pathos, 감성)와 에토스(Ethos, 인격)다. 논리적으로 수긍이 되고 마음이 움직여도, 그 말을 하는 주체를 신뢰하기 어렵다면 마지막 관문을 넘지 못한다. 드문 일이긴 하지만, 최악의 경우 기획 아이디어만 빼앗길 수도 있다. 그러니 에토스로 설득하는 것도 간과해선 안 된다. 왜 내가, 그리고 우리 출판사가 이런 책을 잘 만들고 팔 수 있는지도 저자에게 충분히 설명해야 한다.

이 다섯 가지 이야깃거리가 준비되어 있다면, 기획안 따윈 필요하지 않다. 오히려 저자와 만나 밀도 있는 대화를 나누었기에 저자의 욕망을 반영한, 더욱 고도화된 기획안을 작성할 수 있다.

그럼에도 여전히 기획안을 미리 쓰고 싶다면, 핵심만 담은 1페이지 혹은 2페이지 기획안을 준비하자. 이 기획안의 목적은 앞서 이야깃거리로 예를 든 것과 비슷하게, 기획자인 내가 저자인 당신을 얼마나 잘 이해하고 좋아하는지를 어필하는 것이다. 그리고 이런 분야,

이런 콘셉트의 책을 그동안 얼마나 잘 만들어왔고 잘 팔아왔는지 알리는 것이다. 이때 사용하는 모든 언어는 저자가 평소에 잘 쓰는 단어와 메시지로 제한하자. 그러면 내 머릿속에 있는 말을 자의적으로 하는 것보다 훨씬 더 설득력이 높아진다.

저자에게 진심과 성의를 다하라

기획이 어렵다는 초년 편집자들이 자주 이야기하는 핑계, 그 세번째.

"곧 나올 책 보도자료도 써야 하고, 상세페이지 구성도 짜야 하고, 책 보낼 인플루언서 리스트도 만들어야 하고, 판권을 갈거나 내용 수정해서 넘길 재판도 계속 들어오는데……. 게다가 두 달 후에 나올 책 콘셉트 회의 준비에, 리라이팅과 윤문도 해야 하고, 추천사 섭외, 일러스트 발주, 디자이너 소통 등 당장 해야 할 일이 이렇게 많은데, 저한테 기획할 시간 따윈 없어요."

회사마다 편집자의 업무 영역이 조금씩 다르긴 하겠지만, 어쨌건 편집자는 많은 일을 한다. 지금 맡고 있는 책의 편집 진행만으로 이미 버거우니, 새로운 아이템 기획까지는 엄두도 못 낼 형편이다.

100퍼센트 공감한다. 일에 파묻혀 있는 상황에서 기획까지 하라니, 정말 쉽지 않다. 이 문제를 해결하기 위해선, 고정관념 하나만 바꾸면 된다. '혼자 하려고 하지 않는 것'이다. 처음부터 끝까지 기획 업무를 혼자 한다고만 생각하지 않으면, 의외로 다양한 방법이 눈에 보인다.

나는 가장 좋은 기획자는 저자라고 생각한다. 저자에게 다른 저자를 소개받는 것보다 더 확실한 기획법은 없다. 모든 저자는 크건 작건 다른 저자들과의 커뮤니티가 있다. 그리고 출판사 혹은 편집자를 소개해 달라는 요청은 그들 사이의 중요한 대화 주제 중 하나다. 당연히 인간적인 신뢰 관계, 일 처리에 대한 신뢰 관계가 형성되어 있어야 다른 저자를 소개받을 수 있다.

웅진지식하우스 편집자 시절, 신옥철 작가(래퍼 아웃사이더)의 『천만 명이 살아도 서울은 외롭다』라는 에세이를 기획하여 출간한 적이 있다. 그리고 신옥철 작가의 추천으로 김도윤, 제갈현열 작가를 만났다. 그때 두 작가가 제안해준 아이템은 책으로 만들지 못했지만, 시간이 더 흘러 다른 기획으로 의기투합했다. 김종봉, 제갈현열 작가의 『돈 공부는 처음이라』가 그것이다. 당연히 김종봉 작가도 제갈현열 작가의 소개로 알게 되었다. 또 김도윤 작가는 내게 전승환 작가를 소개해줬다. 『내가 원하는 것을 나도 모를 때』는 김도윤 작가의 소개가 없었다면, 우리가 출간할 수 없는 아이템이었다. 소개와 소개가 꼬리를 물면서 10만 부 이상 베스트셀러가 둘이나 탄생했다. 엄밀히 말하면, 기획자는 내가 아니라 동료 저자를 소개해준 다른 저자들이다.

『멈추지 마, 다시 꿈부터 써봐』의 김수영 작가 이야기도 빼놓을 수 없다. 김수영 작가의 소개로 기획이 이뤄진 책만 최소 다섯 권이다. 빠숑이란 필명으로 알려진 김학렬 작가의 『그래서 어디를 살까요?』, 방송인 안선영 작가의 『하고 싶다, 다이어트』, 당시 MBC 경제부 기자였던 정재윤 작가의 『4차 산업혁명 재테크의 미래』, 그리고 한재우 작가의 첫 소설 『빤냐 이야기』까지, 김수영 작가는 아낌없이 좋은 저자들을 소개해줬다.

지금도 클레이하우스의 많은 책은 다른 작가들의 소개로 기획이 이뤄지고 있다. 『까멜리아 싸롱』 고수리 작가는 『어서 오세요, 휴남동 서점입니다』의 황보름 작가의 소개로, 『어른의 재미』 진영호 작가는 『나는 나로 살기로 했다』 김수현 작가의 소개로, 『보테로 가족의 사랑 약국』과 『하나도 못 맞히는 점집』 이선영 작가는 『나를 찾지 마』의 김범 작가의 소개로 알게 된 저자다.

정리하자면, 저자는 책 한 권 함께하는 사이로 끝나는 게 아니라, 다른 책의 기획을 돕는 일종의 기획자가 되어주기도 한다. 저자의 소개로 다른 저자를 알게 되는 건 나뿐만 아니라 수많은 편집자에게 흔하게 일어나는 일이다. 그러니 어떻게 보면, 저자들과 좋은 관계를 맺고 그들에게 신뢰를 얻는 것보다 중요한 일은 없다. 함께 일하고 싶은 편집자가 되어야 소개를 받을 수 있으니까.

실컷 이야기하긴 했지만, 저자에게 다른 저자를 소개받는 일은 그저 부차적인 일일 뿐이다. 꼭 그런 목적이 아니더라도, 저자에게 진심과 성의를 다하는 건 기본 중의 기본이다. 출판은 저자 없이는 아무 일도 일어나지 않는다. 나도 지금 여기에서 나름의 경험과 노하우랍시고 여러 말을 하고 있지만, 그 모든 것의 시작점은 좋은 저자에게 좋은 글을 받는 것이었다. 『나는 나로 살기로 했다』는 김수현 작가만 쓸 수 있고, 『어서 오세요, 휴남동 서점입니다』는 황보름 작가만 쓸 수 있다. 이 기본 전제 없이 그다음은 없다.

'쿨'한 편집자가 많지만, 대부분의 저자는 '뜨거운' 편집자를 원한다. 내가 쓴 책이나 발표한 글을 다 읽었고, 내 글을 정말 좋아하고, 내가 잘되길 바라고, 내가 쓴 글이 더 많은 독자에게 읽히길 바라고, 고민이 있으면 터놓을 수 있고, 내가 가려워하는 곳을 정확히 긁어주고, 나를 있는 그대로 존중하고, 지금 내게 보여주는 그 마음이 변하지 않고 오래가는 편집자와 일하길 바란다. 비즈니스 관계이기도 하기에 계약 조건이나 마케팅 플랜에 대한 약속, 그리고 실제 성과 등도 중요하지만, 이렇게 나를 믿어주고 지지해주는 뜨거운 편집자와는 오래 일하고 싶은 것이 저자의 마음이다.

그러니 정말 좋아하는 저자가 있다면, 꼭 한번 함께 작업해보고 싶은 저자가 있다면, 독자로만 남지 말고 조심스럽게 그리고 진심과 성의를 담아 문을 두드려보

자. 그 어색하지만 풋풋한 첫인사가 10만 부 책으로 이어질지 모른다.

밀리언셀러를 꿈꾼다면 앞의 이야기를 다 뒤집어라

"모든 베스트셀러는 그다음으로 읽고 싶은 책을 만든다. 그래서 트렌드가 살아 있는 기획을 해야 한다."

여러 차례 강조한 10만 부 베스트셀러 만들기의 핵심이다. 하지만 100만 부 책을 꿈꾼다면, 내가 애써 강조한 저 말이 오히려 방해가 될 수도 있을 것 같다. 일본 선마크출판사의 대표이사인 우에키 노부타카가 『밀리언의 법칙』에서 이야기하는 것처럼, 밀리언셀러는 '요상한 것' 중에서 생겨난다.

경험적으로 그리고 직관적으로 이 말이 옳다는 것을 알기에, 나는 실컷 이야기한 내 말을 스스로 부정하는 방식으로 기획하기도 한다. 성공 확률은 훨씬 더 떨어지겠지만 그래도 '요상한 것'을 만들려는 시도도 끊임없이 해야 할 것 같아서다. 1년에 네다섯 권의 책을 만든다면, 한 권 정도는 그렇게 해봐도 괜찮지 않을까.

10만 부 이상 책은 그래도 열 번 경험해봤으니 어느 정도 결핍이 해소되었지만, 100만 부 이상 책은 한 번도 경험해본 적이 없기에 결핍이 있다. 그래도 어쩌면, 이제 우리가 만드는 책이 전 세계 독자에게 읽히는 세상이 왔기에, 영 불가능한 일은 아닐지도 모르겠다.

『어서 오세요, 휴남동 서점입니다』의 경우, 영문판이 30만 부, 브라질과 튀르키예에서 각각 15만 부, 일본과 폴란드에서 각각 5만 부 팔렸다. 말레이시아와 태국에서도 각각 1만 부 정도가 팔렸다. 아직 판매보고를 받지 못한 국가도 많지만, 벌써 한국에서 판매된 것 두 배 이상의 부수가 해외에서 판매된 것이다. 전 세계 기준으로는 곧 100만 부를 돌파하게 될지도 모르겠다.

나는 『어서 오세요, 휴남동 서점입니다』는 이제 시작에 불과하다고 생각한다. 아니 그렇게 믿고 싶다. 세계 각국에서 열리는 도서전, 문학 축제, 저자 북토크 등의 행사를 다니면서 깨달은 건데, 문화권은 달라도 사람들은 결국 비슷한 고민을 안고 살아가더라. 특히 '책을 읽는 사람'으로 그 범위를 좁히면, 그 차이는 더 줄어드는 것 같다. 그래서인지 베스트셀러 목록이 겹치는 책들이 예전보다 더 자주 보인다.

어느 나라를 가도 2024년에 갑자기 역주행한 소설 『리틀 라이프』가 눈에 띄고, 고전 중에서는 『인간 실격』이 인기다. 한국 책 중에서는 『채식주의자』『어서오세요, 휴남동 서점입니다』『죽고 싶지만 떡볶이는 먹고 싶어』『아몬드』 같은 책들이 어디서든 눈에 띈다.

그러니 이제는 자신 있게, 아예 처음부터 글로벌 시장까지 염두에 두고 기획을 해야 한다. 선마크출판사의 대표적인 '요상한 책'인 『곤도 마리에 정리의 힘』은 전 세계적으로 1500만 부가 넘게 팔렸다. 선마크에서 출간한 소설 '커피가 식기 전에' 시리즈 역시 다섯 작품 합해 전 세계적으로 650만 부 이상 판매되었다. 『곤도 마리에 정리의 힘』과 '커피가 식기 전에' 시리즈 모두 일본어판과 영문판 출간 시기 사이에는 4~5년 정도의 간격이 있다. 또 다른 소설인 『모리사키 서점의 나날』은 일본어판이 나오고 13년 만에 영문판이 출간되어 전 세계적인 베스트셀러가 되었다. 심지어 일본에서는 절판되어 유통조차 되지 않던 때였다.

앞으로 한국 책이라고 이런 사례가 안 나올까? 반드시 나오리라 믿는다. 5년이 걸릴지 13년이 걸릴지 알 수 없는 일이지만, 어떤 분야, 어떤 장르의 책일지도 알 수 없는 일이지만, '요상한 책' 중에 나올지 그렇지 않은 책 중에 나올지도 알 수 없는 일이지만, 이런 비슷한 일은 반드시 생길 것이다. 그냥 그렇게 믿자. 어차피 지금 우리가 할 수 있는 건 다양한 가능성을 열어두고 도전하는 것뿐이다.

3장

잘 읽히는 책을 위한 편집의 기술

소비자는 상품을 두 번 평가한다

『히트상품을 만드는 특별한 비밀』의 저자 우메자와 노부요시는 "소비자는 상품을 두 번 평가한다"라고 말한다. 상품을 사기 전에 한 번, 실제 사용한 후에 한 번. 그리고 구입 전에 갖고 싶게 하는 힘을 '콘셉트(Concept)'라고 부르고, 구입 후에 잘 샀다고 생각하게 하는 힘을 '퍼포먼스(Performance)'라고 부른다. 이 콘셉트와 퍼포먼스가 상품력의 2대 요소다.

콘셉트만 좋고 퍼포먼스가 약하면, 초기 반응만 잠깐 좋을 뿐 재구매가 일어나지 않으니 판매가 오래가지 않는다. 반대로 퍼포먼스는 좋은데 콘셉트가 약하면, 초기 판매가 일어나지 않으니 발동이 아주 늦게 걸린다. 콘셉트와 퍼포먼스 둘 다 약하면, 당연히 실패작이다. 그리고 콘셉트와 퍼포먼스가 둘 다 강할 때 비로소 '히트상품'이 탄생한다.

책도 마찬가지다. 일단 팔려야 읽히고, 읽혀야 좋은지 안 좋은지 평가받을 수 있다. 책에서 콘셉트를 보여주는 가장 중요한 요소는 표지다. 독자는 구매 전에 제목과 부제, 저자 소개와 띠지 카피, 표지 디자인 등을 보며 그 책을 살지 말지 결정한다. 표지에서 드러나는 콘셉트가 매력적이어야 책이 팔린다.

그리고 독자는 책을 다 읽은 후에 비로소 두번째 평가를 내린다. 다시 말해, 책에서 퍼포먼스를 보여주는 건 본문의 내용이다. 독자가 책을 완독할 수 있도록, 그리고 완독 후에 만족할 수 있도록 편집 작업을 해야 하는 이유다. 치약이나 휴지 등의 생필품과 달리, 일반적으로 책은 재구매가 일어나는 상품은 아니지만, 두번째 평가가 좋아야 비로소 입소문이라는 것이 난다. 그리고 입소문이 나야 10만 부 이상 팔리는 베스트셀러가 된다. 콘셉트와 퍼포먼스를 강화하는 것이 곧 상품력을 높이는 것이다.

밀리언셀러인 『나는 나로 살기로 했다』는 이런 뛰어난 상품력을 보여주는 전형적인 사례다. 2016년에 처음 출간된 이 책의 제목은 사실상 시대정신 그 자체였다. 의지와 다짐을 담고 있는 제목이었던 만큼, 일종의 캠페인 역할을 하며 '나로 살기' 열풍을 주도했고, 표지에 그려진 귀엽고 단순한 일러스트도 이 책의 콘셉트 강화에 큰 보탬이 됐다.

신기했던 것은 이 책의 전성기는 처음 출간했을 때가 아니라, 출간 4년 차 때였다는 사실이다. 이 시기에 종합 1위 책은 계속 바뀌었지만, 이 책은 오랜 기간 종합 2~4위 사이를 오가며 결국 밀리언셀러가 되었다. 콘셉트도 좋았지만, 퍼포먼스도 그 이상으로 좋았기 때문에 가능한 일이었다. 끊이지 않는 입소문이 이 책의 생존력을 말도 안 되게 길게 만들었고, 그건 출간 10년이 다 되어 가는 지금까지 이어지고 있다.

콘셉트와 퍼포먼스를 강화하는 방법에 대해서는 뒤에 더 구체적으로 다룰 테니, 여기에선 한 가지 중요한 포인트만 짚고 넘어가려고 한다. 일본의 극작가 이노우에 히사시의 글쓰기 격언이자, 다산북스 김선식 대표가 강의 때마다 반복해서 강조하는 말이다.

“어려운 것을 쉽게, 쉬운 것을 깊게, 깊은 것을 재미있게.”

작가는 물론 편집자에게도 큰 통찰을 주는 말이다.

『나는 나로 살기로 했다』를 쓸 때, 김수현 작가는 사회학과 사회심리학의 내용을 읽기 쉬운 에세이로 풀어내는 것을 목표로 했다(어려운 것을 쉽게). 일상 언어를 사용해 쉽고 대중적인 글쓰기를 하면서도, 지금 우리에게 필요한 이야기를 정확하게 함으로써 깊이를 확보할 수 있었다(쉬운 것을 깊게). 게다가 적재적소에 발휘된 유머, 속이 뻥 뚫리는 사이다 발언, 센스 넘치는 본문 그림과 코멘트 등으로 처음부터 끝까지 재미있게 읽히게 했다(깊은 것을 재미있게).

“어려운 것을 쉽게, 쉬운 것을 깊게, 깊은 것을 재미있게” 씀으로써 퍼포먼스를 극대화했고, 에세이 장르로서는 이례적으로 10년 가까이 폭넓게 읽히는 스테디셀러로 자리 잡은 것이다. 2019년에는 일본에서도 번역 출간되어 누적 60만 부가 판매되었고, 2024년 말에는 영국과 미국에서도 출간되어 더 많은 독자와 만나고 있다.

결국 10만 부 이상의 베스트셀러가 되기 위해선 겉과 속이 모두 중요하다. 제목과 표지와 띠지 카피로 독자를 유혹하고, 본문 내용으로 독자를 깊이 만족시키는 것. 그것이 우리의 지상과제여야만 한다.

첫번째 평가의 핵심, 콘셉트

출판 기획과 편집에 있어 가장 중요한 단어 하나만 고르라고 하면, 단연 '콘셉트'일 것이다. 출판사마다 분위기가 다를 수 있겠지만, 적어도 내가 다녔던 모든 회사에서는 그랬다. 아니, 출판업뿐만 아니라 소비자의 선택을 받아야 하는 모든 기업에서 가장 중요하게 여기는 단어일 수도 있겠다.

너무 자주 쓰는 말이라 모든 사람이 그 뜻을 잘 알고 있을 것 같지만, 실제로는 사람마다 조금씩 다르게 인식하고 있는 경우가 많았다. 일종의 장님 코끼리 만지는 격이랄까. 하지만 그 모든 게 코끼리의 일부인 것처럼, 우리가 저마다 이해하고 있는 콘셉트도 콘셉트의 일부인 건 분명하다.

그럼, 여러 사람이 눈 가리고 만지고 있는 콘셉트의 진짜 모습을 조금 더 명확히 살펴보자.

① CONCEPT = CON(together) + CEPT(take)

우선 콘셉트(Concept)라는 단어의 어원을 살펴보자.

con은 together, cept는 take라는 뜻이다. 다시 말해, 콘셉트는 '다른 사람과 함께 공유하는 생각이나 인식'을 말한다. 그러니 혼자만 이해할 수 있는 건 절대 콘셉트가 아니다. 내 머릿속에서 아무리 천재적인 생각이 떠올라도 그것을 언어로 옮길 수 없다면, 그래서 누구와도 같은 생각을 공유할 수 없다면 그것은 콘셉트가 아니다. 그 생각이 틀렸다는 게 아니라, 그것은 차라리 예술의 영역이라고 할 수 있다. 다른 사람과 함께 같은 생각을 공유하기 위해서는, 일단 쉬워야 한다. 추가 설명이 필요하거나 여러 번 반복해서 말해야 하는 것이라면 좋은 콘셉트가 되기 어렵다. 누가 들어도 쉽고 분명하게 이해되는 콘셉트가 좋은 콘셉트다.

② CONCEPT = IDEA + BENEFIT

이 정의는 다산북스 김선식 대표에게 배웠다. 그는 콘셉트를 "고객에게 이익을 줄 수 있는 차별화된 아이디어"라고 정의했다. ①번 정의에서 말한 것처럼 '다른 사람과 함께 공유하는 생각'이긴 한데, 이 생각은 '고객에게 이익을 줄 수 있어야 하고, 기존에 있는 다른 솔루션과는 차별성이 있어야' 한다. 효고현립대 경영학과 가와카미 마사나오 교수도 거의 비슷한 맥락으로 콘셉트를 정의한다. "고객의 용건을 해결하는 가치 제안."

50만 부 베스트셀러이자 독서 교육 열풍의 시작점이 되었던 『공부머리 독서법』이란 책이 있다. 이 책은 "아이가 왜 책을 안 읽을까?" "아이가 공부는 열심히 하는데 왜 성적이 안 나올까?"라는 용건을 가진 독자에게 말을 건다. 그들에게 "공부머리가 좋아지는 실현 가능하고 지속 가능한 독서법"이란 가치를 제안하는 것이다. 기존의 공부법 책과 달리, 독서 교육과 공부를 직접적으로 연결함으로써 차별성을 확보했다. 이런 고객에게 이익을 줄 수 있는(고객의 용건을 해결하는) 차별화된 아이디어(가치 제안)는, 그대로 책 제목(공부머리 독서법)과 부제(실현 가능하고 지속 가능한 독서 교육의 모든 것)가 되었다. 공부법 책으로서는 이례적으로 50만 부가 팔리는 강력한 콘셉트의 탄생이었다.

③ CONCEPT = 이 책이 존재하는 이유

이 외에도 책의 콘셉트는 다양하게 정의할 수 있다. 그중 세 가지만 추가로 살펴보자.

먼저 콘셉트는 "책의 핵심적이고 매력적인 정의"다. 이 정의가 중요한 이유는, 책의 콘셉트를 '내용 요약' 정도로 생각하는 경우가 간혹 있기 때문이다. 하지만 콘셉트는 내용 요약이 아니라, 독자를 설득하는 매력 포인트를 한마디로 표현한 것이다.

또한, 콘셉트는 "책을 기획하는 편집자의 의도"다. 이 정의가 중요한 이유는, 시장이 요구하는 책은 결국 이미 시장에 있을 확률이 높기 때문이다. 이런 함정을 피하고 새로운 시장을 만들어낼 가능성이 편집자의 의도에 있다.

마지막으로 콘셉트는, "책의 존재 이유를 독자의 언어로 번역한 것"이다. 저자나 편집자의 기획의도를 독자의 언어로 번역할 때, 비로소 콘셉트가 되는 것이다.

④ 성공적인 콘셉트의 조건

첫번째는 차별성이다. 차별성에 관해서는 2장의 '익숙하면서도 새로운 제품을 기획하라' 꼭지에서 상세하게 설명했으므로, 여기서는 생략하겠다.

두번째는 일관성이다. 알리고 싶은 베네핏이 많겠지만, '안전한 차'라는 키워드 한 가지에 집중하는 볼보차의 사례를 떠올리면 이해하기 쉽다.

세번째는 간결성이다. 단번에 알아들을 수 있는 친숙한 개념을 사용하는 것이 좋다. 간결성은 특히 독자를 만나기 전, 개발 단계에서 내부적으로 소통할 때 더 중요한 조건이다. 아직 실물 책이 없기 때문에, 협업하는 사람들이 생각하는 꼴이 저마다 다를 수 있다. 그러니 더욱 쉽고 간결한 키워드로 그 괴리를 좁혀야 한다. 그래서 '가제'가 중요하다. 가제는 나중에 바꿀 수 있으니 편하게 정하기 마련이지만, 사실 내부 소통에 큰 영향을 미치는 요소다.

네번째는 적합성이다. 실제 제품과 내세운 콘셉트 사이에 큰 차이가 있으면, 독자의 기대를 배반할 수 있기에 입소문이 나는 데 방해가 된다. 팔기 위해 억지로 끼워 맞춘 콘셉트는 필패한다.

마지막은 수용성이다. 본인들만 이해할 수 있는 생산자의 언어를 지우고, 철저히 소비자의 언어로 번역된 말을 사용하는 것이 좋다. 예를 들어, 같은 주제의 책이라도 생산자의 언어를 사용하면 『긱 이코노미』 『노마드 비즈니스맨』이라는 제목으로 책이 나오는 반면, 소비자의 언어를 사용하면 『나는 직원 없이도 10억 번다』 『나는 4시간만 일한다』 같은 책이 나온다. 일반적으로는 후자의 수용성이 높기에 독자들의 초기 반응을 보다 잘 이끌어낸다. 물론 『넛지』나 『그릿』처럼 권위 있는 저자의 언어는 그 자체로 좋은 제목이 되기도 하기에, 상황에 따라 적절하게 잘 판단해야 한다.

가제 짓기와 100자 책 소개

앞서 잠시 설명했듯이, 협업하는 모든 사람과 소통하기 쉬운 가제가 좋은 가제다. 자신들이 만드는 책에 대한 일치된 방향이 있어야 의도했던 콘셉트대로 책이 나올 수 있으므로, 소통을 위한 가제는 대단히 중요하다. 심지어 핵심을 관통한 좋은 가제는 그대로 실제 제목이 되기도 한다. 『역사의 쓸모』나 『아비투스』 같은 책이 그런 경우다.

한편, 소통의 편의성을 위해 가제 단계에서 기존 책 제목을 활용하는 경우도 많다. 이를테면 『예술의 쓸모』 같은 책이 그런 경우인데, 가제가 그대로 실제 제목이 되어 출간되기도 한다. 책의 정체성을 즉각적으로 알릴 수 있는 편한 방법이지만, 아무래도 참신함, 새로운 기대감 같은 건 떨어질 수밖에 없다. 그 자체로 좋고 나쁜 건 없기에 사안별로 면밀히 검토하고 판단해야겠지만, 덮어놓고 따라 하는 건 경계해야 한다.

하지만 내부 소통을 위한 가제나 콘셉트를 이야기할 때는 확실히 기존 제목을 활용하는 것이 효율적이다. 할리우드에서도 많은 경우 이런 식으로 소통한다고 한다. 예를 들어 '에일리언'은 죠스의 우주선 버전이고, '쥬라기 공원'은 죠스의 공룡 버전이다. 이처럼 누구나 알고 있는 기존 제목을 활용하면, 제작 단계에서의 의사소통은 훨씬 더 편하고 정확해진다.

콘셉트를 드러내는 가제가 정해졌다면, 다음으로 필요한 건 '100자 책 소개'다. 가제에 다 담아내지 못한 이 책의 매력을 드러내야 하는데, 이때에도 핵심은 설명이 아니라 셀링 포인트다. '100자 책 소개'는 다음의 세 문장이면 충분하다. (1) 저자를 파는 문장, (2) 차별화된 내용을 파는 문장, (3) 독자의 필요와 욕망을 드러내는 문장. 아래의 예시를 확인해보자.

① 『역사의 쓸모』 100자 책 소개

(1) 누적 수강생 500만 명, 대한민국 대표 역사 강사 최태성의 첫번째 인문교양서. (2) 길을 잃을 때마다 역사에서 답을 찾은 그는 이 책에서도 철저히 실용적인 관점에서 역사를 바라본다. (3) 이 책을 통해 독자는 보다 자유롭고 떳떳한 삶에 한 걸음 더 가까워질 것이다.

② 『돈 공부는 처음이라』 100자 책 소개

(1) 누적 수익률 13,000%, 투자의 신 김종봉 대표의 첫 책. (2) 소비와 노동에는 능하지만, 돈을 다루는 데는 서툰 2030 욜로족들을 위한 난생처음 돈 공부 책이다. (3) 이 책을 읽으면 누구나 따라 할 수 있는 4단계 완성 돈이 모이는 습관이 내 것이 된다.

이처럼 세 문장, 100자 내외의 글자만으로 책의 정체와 매력을 명확하게 드러낼 수 있다. 이런 '100자 책 소개'는 내부 회의자료는 물론, 대지문안이나 보도자료를 작성할 때도 요긴하게 활용할 수 있으니 잘 기억해두었다가 써먹길 바란다.

좋은 제목의 조건

제목이 정말 중요하다는 건 알겠는데, 좋은 제목을 짓는 공식 같은 건 없을까? 사실 결과를 놓고 보면 판단하기 쉽다. 잘 팔린 책의 제목이 좋아 보이니까. 그래서 결과론일 수 있겠다는 생각도 들지만, 그럼에도 잘된 책들의 제목을 살펴보며 나름의 공식을 찾아보는 건 도움이 된다. 여기서는 좋은 제목의 조건을 다섯 가지로 나눠서 알아보려고 한다.

① 타깃독자를 명확하게 호명하는 제목

도서 기획과 편집에 있어 가장 중요하게 염두에 둬야

하는 건 단연코 독자다. 특히 제목은 무슨 일이 있어도 해당 도서가 설정한 타깃독자들에게 정확히 호소해야 한다. 아니면 아예, 타깃독자를 명확하게 호명하는 것도 좋은 방법이다. 예를 들어, 『시를 잊은 그대에게』는 한때 시를 좋아했지만 지금은 읽지 않는 수많은 중년 독자층을 직접 호명함으로써 타깃독자들의 반응을 바로 이끌어냈다. 『콰이어트』는 조용하고 내성적인 독자를 직접 호명했고, 『센서티브』는 남들보다 예민한 독자를 직접 호명했다. 『엄마의 말 공부』처럼 엄마라는 단어를 제목에 사용하는 경우도, 모두 타깃독자를 명확하게 호명하기 위함이다. 이런 경우 책 제목만 보고도 타깃독자들은 이 책이 자신을 위한 책임을 분명하게 알 수 있으므로 구매까지 이어질 가능성이 한층 커진다.

② 의외성이 있으면서도 공감을 불러일으키는 제목

우리 기억에 오래 남아 있는 좋은 제목들은 대부분이 범주에 속해 있을지도 모르겠다. '맞아, 그렇지!' 하는 느낌이 절로 드는 제목에 독자들은 시선이 빼앗길 수밖에 없다. 『죽고 싶지만 떡볶이는 먹고 싶어』는 대비되는 두 마음을 '죽음'과 '떡볶이'라는 자극적이고 감각적인 키워드로 극대화해 타깃독자들의 큰 공감을 불러일으켰다. 『미움받을 용기』 역시 '미움받다'와 '용기'의 의외성 있는 만남이 독자의 호기심을 자극하고 큰 공감도 얻어냈다. 『아, 보람 따위 됐으니 야근수당이나 주세요』는 '보람'과 '야근수당'을 코믹하게 대비시켜 직장인의 공감을 얻는 데 성공했고, 『역사의 쓸모』는 '역사'와 '쓸모'라는 의외성 있는 단어가 만나 호기심을 자극하는 데 성공했다.

③ 독자의 필요와 욕망을 강하게 자극하는 제목

'이 책을 읽으면 나도 그렇게 될 수 있을까?' 하는 느낌이 절로 드는 제목이 있다. 『부의 추월차선』은 단순히 부자가 되고 싶다는 욕망을 넘어, '빠르게' 부자가 되고픈 욕망을 정확하게 건드린다. 『백년 허리』는 강한 키워드로 허리 통증에서 벗어나길 원하는 수많은 독자의 눈길을 단번에 사로잡았다. 『무례한 사람에게 웃으며 대처하는 법』이나 『나는 죽을 때까지 재미있게 살고 싶다』 같은 책 역시, 제목 그대로의 것을 원하는 독자들의 마음을 온전히 반영하는 데 성공했다. 이처럼 독자가 원하는 바를 정확히 담아내는 제목들은 강력한 힘을 발휘한다.

④ 명확한 솔루션을 제공하는 제목

실용서나 자기계발서, 혹은 자기계발적인 색채가 강한 인문서 등을 읽는 독자들은 명확한 솔루션에 목이 마른 상태다. 그러니 어떤 문제를 해결하는 새롭고 구체적인 방법을 제목에서 제안해주면, 눈길이 머물 수밖에 없다.

『멈추지 마, 다시 꿈부터 써봐』는 '꿈을 쓴다'는 새로운 솔루션으로 독자 소구를 확보했고, 『영어는 3단어로』는 '3단어'라는 심플하고 확실한 솔루션을 제공하여 영어 실력 향상에 도움이 되리라는 기대감을 자극하는 데 성공했다. 『아주 작은 반복의 힘』 역시 '습관'이라는 키워드를 변주하여, 이미 검증된 솔루션을 새로워 보이게 함으로써 독자들의 선택을 받는 데 성공했다. 이런 제목은 '아, 이것만 하면 내 삶이 더 나아지겠구나!' 하는 느낌이 절로 들게 하는 것이 핵심이다.

⑤ 권위와 신뢰도를 보장하는 제목

사실 대부분의 책은 이미 비슷한 것이 시중에 있다.

그러므로 권위와 신뢰도를 전달하는 제목이 중요하다. '비슷한 책이 여럿 있지만, 이게 제일이네!' 하는 느낌을 줘야 하는 것이다. 『유시민의 글쓰기 특강』은 저자의 권위를, 『150년 하버드 글쓰기 비법』은 대학교의 권위를, 『FBI 행동의 심리학』은 기관의 권위를, 『나는 아마존에서 미래를 다녔다』는 기업의 권위를 내세웠다. 위의 사례에서처럼 두 개의 핵심 키워드가 찰떡처럼 어울릴 때 그 효과가 크다.

그런데, 소설의 경우에는 위의 다섯 가지 조건에 잘 부합하지 않는다. 시대의 흐름에 따라 유행하는 스타일의 제목이 있는 것 같긴 하지만, 소설 제목은 대체로 다음 세 가지 유형으로 구분할 수 있다. 추가 설명 없이 제목만 나열해본다.

캐릭터 강조형 : 오베라는 남자, 덕혜옹주, 난설헌, 창문 넘어 도망친 100세 노인, 82년생 김지영, 나의 눈부신 친구, 채식주의자, 오빠가 돌아왔다, 완득이, 위대한 개츠비, 그리스인 조르바, 싯다르타, 데미안, 스토너

스토리나 주제에 대한 호기심 강조형 : 모순, 예감은 틀리지 않는다, 돌이킬 수 없는 약속, 빛과 물질에 관한 이론, 한국이 싫어서, 용의자 X의 헌신, 눈먼 자들의 도시, 백설공주에게 죽음을, 이처럼 사소한 것들, 참을 수 없는 존재의 가벼움

공간 강조형 : 노르웨이의 숲, 나미야 잡화점의 기적, 불편한 편의점, 달러구트 꿈 백화점, 어서 오세요 휴남동 서점입니다, 메리골드 마음 세탁소, 지구 끝의 온실, 대온실 수리 보고서, 세상의 마지막 기차역, 비가 오면 열리는 상점

대지문안은
3주체의 목소리가 균형 있게

가끔 편집자의 모든 업무 중에 어떤 일을 가장 좋아하느냐는 질문을 받곤 하는데, 그때마다 나는 '대지문안 작성'이라고 답한다. 책의 앞뒤 표지와 앞뒤 날개, 그리고 앞뒤 띠지에 들어갈 내용을 작성하는 일. 신입 때부터 지금까지 나는 항상 이 일이 가장 좋았고, 요즘도 내가 쓴 대지문안이 마음에 들면, 책 실물을 한참 붙잡고 구석구석 읽으며 만족스러워한다.

제목에 맞는 부제를 찾고, 독자의 눈길을 잡아끄는 카피를 작성하고, 브랜딩 관점에서 저자 소개를 하고, 이 책을 먼저 읽은 사람들의 추천사나 독자리뷰를 받고, 저자나 출판사의 기획의도를 담아내는 일. 그야말로 편집 업무의 화룡점정이 아니겠는가.

내겐 대지문안 작성에 관한 절대 원칙이 있다. 바로 '저자의 언어와 편집자의 언어와 독자의 언어를 균형 있게 담아내는 것'이다.

저자의 언어는 주로 발췌문의 형태로 들어간다. 기획의도를 보여주는 프롤로그 및 에필로그의 문장들이나 이 책의 핵심을 관통하는 본문의 문장들이 채택된다. 저자가 써놓은 수많은 말 중 어떤 문장을 고를 것인지 선택하는 일은 결코 쉬운 일이 아니다.

편집자의 언어는 책 소개와 저자 소개 글에서 본격적으로 드러난다. 무엇을 강조할 것인지, 이 책의 어떤 장점을 드러낼 것인지가 여기에서 정리된 편집자의 언어로 결정된다.

마지막으로 독자의 언어는 추천사나 독자리뷰다. 추천사의 효과에 대해서는 다양한 의견이 있겠지만, 나는 독자의 언어를 담아낸다는 점에서 필수적인 요소라고 생각하는 편이다. 물론 꼭 유명인의 추천사가 아니어도 괜찮다. 이 책을 먼저 읽은 일반 독자의 리뷰만 있어도, 독자의 언어는 충분히 담아낼 수 있다.

① 부제와 띠지 카피

좋은 제목을 찾았다면, 이제 짝꿍이라고 할 수 있는 부제를 찾아야 한다. 소설이나 에세이 분야의 도서에는 일반적으로 부제가 없지만, 그 외의 대부분 성인 단행본에는 부제가 들어간다. 부제의 경우, 제목에서 미처 다 담아내지 못한 이 책의 장점 혹은 이 책의 가장 중요한 정보를 요란스럽지 않게 담아내는 것이 중요하다.

『미움받을 용기』의 부제는 "자유롭고 행복한 삶을 위한 아들러의 가르침"이다. 앞서 살펴봤듯이 이 책은 의외성 있는 제목으로 독자를 단번에 사로잡았다. 그리고 부제를 통해서는 이 책이 주장하는 바의 이론적 근거를 제시한다. 아들러 심리학을 통해서 미움받을 용기를 이야기하겠다는 의지가 독자에게 바로 전달이 된다. 『청춘의 독서』의 부제는 "세상을 바꾼 위험하고 위대한 생각들"이다. 단순한 책 읽기 책이 아니라, 청년 유시민에게 영향을 끼친 위험하고 위대한 생각을 다루고 있음을 제목과 부제를 통해 직접적으로 설명한다.

띠지에 들어가는 메인카피는 조금 더 끼를 부려도 된다. 말 그대로 이것은 광고카피니까. 다시 말해, 메인카피는 독자를 유혹해야 한다. 독자를 유혹하기 위한 메

기능	도서명	메인카피
공감	내가 원하는 것을 나도 모를 때	왜 그렇게 열심히 살았던 걸까요? 좋아하는 게 뭔지도 모르면서
베네핏	철학은 어떻게 삶의 무기가 되는가	철학은 반드시 답을 찾는다
솔루션	역사의 쓸모	길을 잃고 방황할 때마다 나는 역사에서 답을 찾았다
뉴스	어서 오세요, 휴남동 서점입니다	2024 일본 서점대상 번역소설부문 1위
비유	비가 오면 열리는 상점	지브리와 해리포터가 만났다
추천	산 루이스 레이의 다리	신형철, 은유, 무라카미 하루키 추천 "성경에 비견되는 완벽에 가까운 도덕적 우화"

대지문안은 3주체의 목소리가 균형 있게

인카피의 기능은 크게 여섯 가지로 구분된다. 공감, 베네핏, 솔루션, 뉴스, 비유, 추천이 그것이다.

독자 중에서도, 편집자나 디자이너 중에서도 띠지를 싫어하는 사람이 많은 걸 알지만, 내 경우 "띠지는 가장 값싼 광고판이다"라는 말을 듣고 자라서 그런지 책에 띠지가 없으면 어색하다. 그리고 독자리뷰를 보면, 띠지의 카피를 보고 책을 구매했다는 후기도 꽤 많다는 것을 알 수 있다. 띠지는 정말로 가장 값싼 광고판인 것이다.

게다가 띠지에 들어가는 별딱지도 독자를 유혹하는 데 큰 역할을 한다. 별딱지가 곧 이 책의 판매 포인트이기 때문이다. '슈피겔 베스트셀러 8년 연속 1위' '43개국 출간 600만 부 판매' 등의 별딱지가 들어가는 『세상 끝의 카페』나 '1928년 퓰리처상 수상작' '〈타임〉 선정 20세기 최고의 영미소설' 등의 별딱지가 들어가는 『산 루이스 레이의 다리』 같은 책이 대표적이다.

그리고 사실 좋은 띠지는 디자인 완성도도 높여준다. 저자 사진 등을 활용해 주목도를 높일 수도 있고, 표지 색깔과 잘 어울리는 띠지 색깔을 활용해 책이 더 예뻐 보이게 만들 수도 있다. 표지 하단에 깔리는 만큼 안정적인 느낌도 더 줄 수 있다.

② 저자 소개와 기획의도

책에서 가장 중요한 건 단연 저자다. 그러니 저자 소개는 잘 써야 한다. 왜 이 주제의 책을 이 저자가 잘 쓸 수 있는지를 저자 소개를 통해 증명해야 한다. 어떤 저자로 인식될 것인지, 브랜딩 관점에서 작성할 필요도 있다. 독자들에게 많이 알려지지 않은 저자일수록 더 공들여 써야 한다.

『철학은 어떻게 삶의 무기가 되는가』의 저자인 야마구치 슈는 철학과 출신의 전략 컨설턴트다. 그런 만큼 저자 소개에서는 비즈니스 현장에서 마주하는 각종 문제를 철학적 사고로 해결해온 경험을 강조해, 이런 주제의 책을 쓸 수 있는 최고의 적임자임을 증명했다. 이 책의 기획의도를 담고 있는 발췌문도 뒤표지에 담았다. 철학적 개념이나 사고로 문제의 해결책을 제안했던 경험을 떠올리며, 이 책에서 이야기하는 내용이 독자들에게 실질적으로 도움이 될 수 있길 바라는 저자의 마음을 그대로 전달했다.

클레이하우스 책에서는 저자 소개 아래에 특별한 저

자 코멘트를 추가하는 경우가 많다. 저자 소개나 기획 의도 글만으로는 온전히 담아내기 어려운, 이 책만의 특별한 분위기를 전달하는 것이 주된 목적이다. 『어서 오세요, 휴남동 서점입니다』에서 실험적으로 써봤는데, 그 효과나 반응이 기대 이상으로 좋았다. 심지어 이 문구를 보고 책을 구입했다고 말하는 독자도 제법 많았다.

"이 소설엔 제가 좋아하는 것들이 가득해요. 책, 동네 서점, 책에서 읽은 좋은 문구, 생각, 성찰, 배려와 친절, 거리를 지킬 줄 아는 사람들끼리의 우정과 느슨한 연대, 성장, 진솔하고 깊이 있는 대화, 그리고 좋은 사람들."

황보름 작가가 어딘가와 인터뷰 때 말한 내용인데, 우연히 발견하고 책날개에 꼭 넣어야겠다고 생각했다. 타깃독자들이 반응할 만한 키워드가 가득했기 때문이다. 이처럼 저자 소개 아래에 들어가는 저자 코멘트는 책 본문에 있는 내용이 아니라, 저자가 다른 곳에서 자연스럽게 이야기한 내용을 담으려고 노력한다. 그게 의도대로 잘 구현되었을 때는 분명 이 책과 저자에 대해 보다 입체적인 꼴을 만드는 데 기여한다.

③ 추천사와 독자리뷰

추천사는 진정성이 핵심이다. 꼼꼼히 읽고 정확하게 쓴 추천사는 엄청난 힘을 발휘한다. 추천자가 독자들에게 영향력 있는 인물이라면 판매에 직접적으로 기여하기도 한다. 『산 루이스 레이의 다리』에 대한 은유 작가의 추천사가 그랬다.

"참사의 슬픔 중 하나는 사람이 숫자가 된다는 점이다. 몇 년도에 몇 명 사망이라는 서늘한 통계에 흡수된 사람들은, 그러나 언젠가 이야기로 구출된다. 『산 루이스 레이의 다리』는 그 아름다운 본보기다. 희생자의 면면들, 욕망과 감정이 만들어낸 뜨거운 마음들, 사연들을 따라가다 보면 이미 '인식의 다리'를 건넌 후다. 노련한 소설가는 너와 나의 구분은 가상의 환영에 불과하다는 윤리의 극점에 독자를 데려다 놓는다. 전쟁의 시대를 지나 재난의 시대를 사는 현대인을 위한 고전으로 널리 읽힐 가치가 충분하다. 사랑에 관해, 관계에 관해, 신에 관해, 불행에 관해 비밀을 누설하는 놀라운 책이다. 나는 너무 좋아서 여러 번 다시 읽었고, 필사까지 했다."

사실 마지막 문장은 추천사로 쓴 게 아니라 편집부에

보내주신 메일 내용에 쓴 문장이었는데, 추천사의 마지막 문장으로 더할 나위 없이 좋아서 작가에게 허락을 구하고 추천사 문장으로 추가했다. 책에 대한 단순한 평가를 넘어, 필사라는 행동에까지 영향을 미쳤다는 점에서 힘이 있는 문장이었다.

『어서 오세요, 휴남동 서점입니다』『비가 오면 열리는 상점』『내가 엄마들 모임에 안 나가는 이유』 등, 전자책으로 먼저 출간됐거나 크라우드 펀딩으로 독자가 이미 있는 경우, 먼저 읽은 독자들의 감상평을 대지문안에 포함했다. 독자들의 요청으로 종이책 출간이 이뤄졌음을 강조하는 데에도 도움이 되므로, 이런 책의 경우 독자리뷰는 필수적이라고 할 수 있다.

목차는 구매를 판단하는 최종 근거

제목과 표지가 마음에 들어 책을 집어 든다. 대지문안을 읽어보며 나에게 필요한 책인지 가늠해본다. 목차 페이지를 펼쳐 대지문안이 약속한 내용이 알차게 잘 들어가 있는지 확인한다. 본문 앞부분을 읽으며 잘 읽히는지 문체가 마음에 드는지 확인한다.

내가 생각하는 책 구매의 프로세스다. 실제로 나는 목적 구매가 아닌 경우, 그러니까 서점에서 우연히 발견한 책을 구매할 때 대략 이런 과정을 거친다. 목차가 중요한 이유다.

소설이 아닌 책의 경우, 내가 가장 경계하는 건 병렬

적인 목차다. 수십 개의 장들이 구분되지 않고 그냥 쭉 나열되어 있으면 책 자체가 지루하게 느껴진다. 실제로 이런 책은 지루한 경우가 많다. 설정이 흥미로워 앞부분은 재미있게 읽더라도 그 패턴이 반복되고 있다는 게 느껴지면, 중간쯤부터 급격히 흥미가 떨어져 완독을 포기하게 된다. 그런 경험이 많이 쌓였기에 병렬적인 목차를 보면 구매 의욕이 확 떨어진다.

반대로 좋은 목차는 입체적이다. 이야기책이 아님에도 기승전결이 있을 것 같고, 같은 말을 반복하지 않고 다양한 목소리를 들려줄 것 같다. 목차만 봐도 알차고, 짜임새가 있고, 완성도가 높은 책일 것 같은 느낌을 확 받는다.

소설의 경우는 좀 다르다. 저자가 의도한 챕터 구분, 파트 구분을 편집자가 재구성하는 건 사실상 불가능하다. 다만 장제목을 바꿀 수는 있다. 목차는 장제목들을 한꺼번에 보여주는 페이지기에, 편집자는 장제목이 독자들의 호기심을 더 자극할 수 있도록 신경 써야 한다.

『어서 오세요, 휴남동 서점입니다』는 밀리의서재에서 전자책으로 먼저 나온 작품이었기에, 본문의 다른 내용을 편집할 여지는 아주 적었다. 다만 장제목만큼은

전자책 목차	종이책 목차
영주가 좋아하는 공간, 서점	서점은 어떤 모습이어야 할까?
휴남동 서점이 문을 열었다	이제 더는 울지 않아도 된다
다시 아르바이트	오늘 커피는 무슨 맛이에요?
떠나온 사람	떠나온 사람들의 이야기
좋은 책을 추천할 수 있을까	좋은 책을 추천할 수 있을까?
서점, 휴식시간	침묵하는 시간, 대화하는 시간
휴남동 서점 북토크	서점 대표가 직접 사회 보는 북토크
로스팅 업체 고트빈	커피와 염소
민준의 과거	단추는 있는데 끼울 구멍이 없다
단골손님들	단골손님들
수세미 이벤트는 무사히	수세미 이벤트는 무사히
아주 가끔은 좋은 사람	아주 가끔은 좋은 사람
모든 책은 공평하게	모든 책은 공평하게
화음 또는 불협화음	화음 또는 불협화음
블로거에서 작가로	작가님과 작가님의 글은 얼마나 닮았나요?
첫 만남	서툰 문장이 좋은 목소리를 감춘다
영주의 일요일	일요일을 뿌듯하게 보낸 밤에는
얼굴이 왜 그래?	얼굴이 왜 그래?
독서 모임	일을 바라보는 우리의 태도
서점이 자리를 잡는다는 건 1	서점이 자리를 잡는다는 건
승우의 답장	깔끔하게 거절하고 싶었지만
받아들여지는 느낌	받아들여지는 느낌
정서의 과거	화를 잠재우는 능력이 필요해
승우의 첫 수업	글쓰기 강의 시작
당신을 응원합니다	당신을 응원합니다
독서클럽 리더	엄마들의 독서클럽
서점이 자리를 잡는다는 건 2	서점을 열어 먹고살 수 있을까?
바리스타 '있는' 월요일	오늘은 바리스타 있는 월요일
제가 첨삭해드릴게요	제가 첨삭해드릴게요
승우의 과거	솔직하고 정성스럽게
최선의 커피	커피 내릴 땐 커피만 생각하기
영주를 찾아온 남자	영주를 찾아온 남자는 누구인가?
영주의 과거	과거 흘려보내기
아무렇지 않게 1	아무렇지 않게
승우의 고백	그냥 서로 좋아하자는 것
아무렇지 않게 2	좋은 사람이 주변에 많은 삶
함께	마음 확인 테스트
서점은 앞으로도	나를 더 좋은 사람으로 만드는 공간
무엇이 서점을 살아남게 하는가 1	우리 베를린에서 만나요
무엇이 서점을 살아남게 하는가 2	무엇이 서점을 살아남게 하는가?

더 나은 방향으로 수정하고 싶었다. 장제목의 비포 앤 애프터를 표로 정리했다.

차이가 좀 느껴지는가. 전자책 목차를 보면 저자가 글을 쓸 때 유용했을 것 같다는 느낌을 받는다. 하지만 아무래도 독자 입장에서 더 흥미로워 보이고 호기심이 생기는 건 종이책 목차다.

목차와 함께 구매를 판단하는 최종 근거가 되는 것이 본문 앞부분이다. 오프라인 서점에서 책을 고를 때는 말할 것도 없고, 온라인 서점에서 책을 고를 때도 본문 미리보기를 통해 앞부분을 읽고 마음에 들어야 구매로까지 이어진다. 그러니 가장 재미있는 부분을 앞으로 당겨 배치해야 한다.

내 기억에 『아침에는 죽음을 생각하는 것이 좋다』 『여행의 이유』 『레버리지』 『신경 끄기의 기술』 등이 앞부분이 유난히 좋았다. 나머지 부분도 나쁘지는 않았지만, 앞부분 내용이 특별히 더 재미있고 참신했기에, 이 책들의 전체적인 이미지를 긍정적인 것으로 만들었다. 그리고 이 4권의 책 모두 대형 베스트셀러가 됐다.

우리가 만든 책 중에서는 『철학은 어떻게 삶의 무기

가 되는가』『아비투스』 그리고 『니체의 인간학』을 중요한 사례로 들 수 있다.

『철학은 어떻게 삶의 무기가 되는가』에는 50가지 철학 개념이 등장하는데, 우리는 그중에서 니체의 '르상티망(Ressentiment)' 개념이 가장 재미있다고 판단해, 원래 본문 중간쯤 있던 이 내용을 가장 앞으로 가져왔다. 온라인 서점 상세페이지를 통해 보여준 내용도 이 부분이었고, 책식주의에서도 이 내용으로 카드뉴스 콘텐츠를 만들어 초기 판매를 이끌었다.

『아비투스』도 마찬가지다. 이 책은 인간의 품격을 결정하는 7가지 자본을 다루는데, 그중에서 우리는 '심리 자본'이 가장 재미있다고 판단했다. 원서에서는 거의 가장 마지막에 있던 챕터였지만, 우리는 이것을 가장 앞으로 당겼다. 앞의 책과 마찬가지로 카드뉴스 콘텐츠를 만들 때도 이 부분을 가장 전면에 내세웠다. 두 책 모두 원서 그대로 두지 않고 가장 재미있는 내용을 앞으로 당긴 것은, 지금 생각해도 신의 한 수였다.

『니체의 인간학』은 경우가 조금 다르다. 목차를 바꾸는 대신, 재미도 있고 의미도 있는 추천사를 받아 아예 맨 앞에 실었다. 국내 최고의 니체 권위자라고 할 수 있는 이진우 교수의 글이었는데, 내용이 시의적절해 의도했던 효과를 톡톡히 볼 수 있었다.

술술 잘 읽힐 때까지 다듬고 또 다듬어라

"소비자는 상품을 두 번 평가한다"고 말한 것을 기억하는가. 그중 두번째 평가는 다 읽고 난 후의 감상이다. 그래서 나는 책을 끝까지 읽게 만드는 힘이 중요하다고 생각한다. 아무래도 독자는 완독한 책에 대해 만족도가 더 높은 편이고, 완독한 책이어야 주변 사람들에게도 더 적극적으로 추천하게 된다.

완독에 영향을 미치는 요소야 너무 많겠지만, 가장 기본은 잘 읽히는 문장이다. 읽을 때마다 턱턱 걸리면, 독자는 금세 흥미를 잃는다. 적절하지 않은 단어, 복잡하게 꼬였거나 문법적으로 틀린 문장, 사실관계가 틀린 내용, 근거가 부족한 주장, 잘못된 번역 등이 읽을 때 턱턱 걸리게 만드는 요소다.

특히 우리의 좌뇌는 새로운 정보가 들어오면, 의심의 눈초리를 하고 그것을 검증부터 하기 시작한다. 이 단계에서는 책 내용에 온전히 집중하기 어려운데, 바로 이것이 어느 책이든 앞부분이 중요한 이유다. 좌뇌가 활성화되어 있는 초반부터 설득이 잘되면, 그때부터 우리는 경계심을 내려놓고 책 내용에 조금씩 몰입하게 된다. 반대로 책을 읽는 내내 턱턱 걸리는 느낌을 받는다면, 십중팔구는 중간에 완독을 포기하게 된다. 그러니 편집자는 책이 처음부터 끝까지 술술 잘 읽히도록 다듬고 또 다듬어야 한다.

그러기 위해선 편집자의 좌뇌가 극도로 활성화돼야 한다. 다시 말해, 그냥 읽는 것이 아니라 하나하나 꼼꼼히 의심하면서 읽어야 한다. 적절한 어휘가 사용되었는지, 사실관계가 틀린 내용은 없는지, 문장이 꼬였거나 문법적으로 틀려 의미 전달이 명확하지 않은 부분은 없는지, 근거가 부족하진 않은지, 논리적으로 비약이 많지는 않은지, 저자가 글을 쓸 때는 맞는 내용이었지만 시간이 지난 지금은 달라진 내용이 있지는 않은지 등을 검증하며 읽는 것이다.

전문적으로 글쓰기를 잘하는 저자라 해도, 처음부터 끝까지 완벽한 초고를 쓸 수는 없다. 초보 저자라면 더 말할 것도 없다. 특히 본인은 당연하다고 생각해서 언급을 생략하고 논리를 전개하는 경우가 많은데, 이럴 때 논리적 비약이 많이 생긴다. 편집자가 해야 하는 중요한 임무는 바로 이런 문장들의 빈틈을 촘촘하게 채우는 일이다.

초고의 상태에 따라 때로는 리라이팅에 가까운 수정 작업이 이 과정에서 일어나기도 한다. 이런 경우 저자의 원래 의도와 어긋나는 내용이 포함될 수도 있으니, 저자와의 충분한 소통을 통해 글 쓴 의도에 충실히 부합하는 방향으로 수정, 발전시켜야 한다. 그리고 어디까지나 '내용'은 저자의 책임이고, '전달력'은 편집자의 책임임을 명확히 인지하고, 저자 역시 그렇게 생각할 수 있도록 이해시켜야 한다.

이에 따라 원고의 수정 작업 역시 저자의 역할과 편집자의 역할을 가능한 한 구분하는 게 좋다. 저자의 역할은 콘텐츠 보강이다. 이를테면 편집자는 저자에게 다음과 같이 요청할 수 있다.

"작가님이 직접 경험한 구체적인 사례가 더 들어가야 독자들이 이 이야기에 더 몰입할 수 있을 것 같아요. 지금은 원고가 좀 피상적인 느낌이 있는데, 개인적인 이야기들을 더 넣어주세요."

반면 편집자의 역할은 전달력 보강이다. 편집자는 저자에게 이런 식으로 편집 작업을 진행하겠다고 안내할 수 있다.

"작가님, 전체적으로 원고는 저희가 좀 다듬을게요. 중복되는 부분은 날리고, 논리적으로 비약이 있거나 전개가 건너뛰는 부분은 징검다리를 만들고요. 문장도 더 잘 읽히게 대패질 좀 할게요. 대신 작가님의 말투나 문체 같은 건 최대한 살리겠습니다."

그리고 번역서는 현지에서 출간될 때와 한국에서 출간될 때의 시기가 달라, 정보 자체를 수정해야 할 필요도 제법 있다. 경제경영서의 경우에는 인수합병 등의 이유로 기업명이 바뀌는 경우도 많고, 그 시절에는 당연했던 시장 환경이 몇 년이 지나 180도 달라지는 경우도 많다. 번역서라고 해서 소극적으로 편집할 필요는 없다. 이처럼 내용 자체에 수정이 필요한 경우에는 얼마든지 저자의 허락을 구해 최신의 정보로 업데이트

하면 된다. 그 정보 자체가 중요한 게 아니라 하더라도, 이런 옛날 정보가 들어가 있으면 독자는 이 책이 예전에 쓰였다는 걸 의식하게 되어 집중력을 잃을 수 있다.

물론 이런 수정이 가능하려면 편집자 스스로 이런 내용에 대해 잘 알고 있어야 한다. 기업 이름이 바뀌었는지, 어디에 인수합병이 되었는지 등을 모르고 있으면, 검증할 생각조차 하지 못하고 기계적인 교정교열만 하게 된다. 그러니 편집자의 좌뇌는 자기 앞에 있는 원고는 물론, 자신이 당연히 알고 있다고 생각하는 상식조차도 의심하고, 확인 또 확인하는 과정을 거쳐야 한다.

이 외에도 본문 편집을 할 때는 신경 써야 할 부분이 많다. 최소한 다음의 열 가지 사항만큼은 꼭 기억하고 원고의 완성도를 최대한 끌어올리자.

(1) 비문 혹은 번역투 문장이 있으면 의미가 정확히 전달되지 않는다. 정확한 한국어 사용은 기본 중의 기본!

(2) 숫자, 기호, 단위, 외래어 표기, 보조용언 띄어쓰기 등이 통일되어 있지 않으면, 딱히 틀린 부분이 없더라도 읽는 데 방해가 된다.

(3) 팩트 체크도 편집자의 일! 틀린 정보가 있으면 책의 신뢰도가 현저히 떨어진다. 저자를 믿지 말고, 나 자신도 믿지 말고, 모든 것을 의심하고 사실 확인을 꼼꼼히 하자.

(4) 인명, 지명, 연도, 숫자 등의 데이터는 특히 틀리기 쉽다.

(5) 이유 없는 백면, 페이지 마지막 줄의 소제목 등은 편집 사고다. 1교, 2교, 3교를 거듭할 때마다 페이지가 흔들릴 수 있으므로 계속 확인해야 한다.

(6) 본문을 인용하거나 사진 혹은 그림을 수록할 때는 꼭 저작권 확인을 해야 하고, 정확한 크레딧 표기를 해야 한다.

(7) 저자가 본인 말처럼 쓴 문장 중에도 사실 출처가 따로 있는 내용일 수 있다. 다른 곳에서 무심코 가져온 내용이 없는지 저자에게도 확인을 요청하자.

(8) 앞에서 이미 했던 말을 불필요하게 반복하는 경우가 많다. 중요해서 의도적으로 반복하는 경우가 아니라면, 과감히 덜어내자.

(9) 주석, 연표, 색인, 참고문헌, 판권 등 부속 페이지에는 항상 실수가 잦다. 특히 목차의 장제목과 페이지

넘버링은 몇 번을 반복 확인해도 부족하지 않다.

(10) 인용문, 한자, 영문, 숫자 등에 서체가 잘못 먹혀 있는지도 꼼꼼히 확인하자.

좋은 디자인에는 분명한 목적이 있다

우리가 하는 일이 대부분 그렇긴 하지만, 좋은 디자인에 관한 판단은 유난히 더 주관적인 것 같다. 시각적인 것을 언어로 표현해야 하기에 의사소통에 한계를 느끼기도 쉽고, 어느 지점부터는 옳고 그름의 문제가 아니라 취향의 문제임을 뼈저리게 느끼기도 한다. 하지만 원래 인간은 감정으로 먼저 판단하고, 이성으로 그 이유를 설명하는 동물. 저자와 편집자와 디자이너와 마케터와 또 그 위의 팀장과 대표가 서로 의견이 다르면 결정하기가 참 난감하다.

익숙한 느낌의 표지를 좋아하는 사람이 있고, 반대로

낯설고 새로운 느낌의 표지를 좋아하는 사람이 있다. 제목과 오브제가 큼지막하게 눈에 확 띄는 표지를 좋아하는 사람이 있고, 반대로 튀는 것보다는 전체적으로 균형이 잘 잡힌 표지를 좋아하는 사람이 있다. 청색 계열의 표지를 꺼리는 사람이 있고, 흰색 바탕의 표지를 꺼리는 사람이 있다. 아무튼 각자의 경험과 직관에 기대어 표지를 판단하는 경우가 많기에 경력이 짧은 편집자일수록 중심을 잡고 의사결정을 하는 것이 어렵게 느껴진다.

과거 내가 다닌 회사에서는 표지 디자인의 후보를 두고 투표를 진행하기도 했다. 동료 직원, 서점 MD, 독자 등을 대상으로도 투표를 진행해서 가장 많은 표가 나온 표지를 1안으로 민다. 그러면 아무래도 최소한의 근거는 갖춰지기에 상대를 설득하는 데 도움이 된다. 물론 이런 다수결이 언제나 좋은 결과를 가져오는 것은 또 아니기에, 어디까지나 참고만 해야 한다.

그렇다면 모든 것은 취향의 문제이고, 죄다 주관적 판단의 영역일까. 아니, 꼭 그렇지만은 않다.

내가 생각하는 좋은 표지는 목적에 부합하는 표지다.

예를 들어 권위에 기대어 파는 표지는 권위가 있어야 한다. 『정의란 무엇인가』나 『사피엔스』 같은 책이 대표적일 것이다. 그리고 재미로 파는 책은 재미있어 보이는 게 핵심이다. 『신경 끄기의 기술』이나 『하마터면 열심히 살 뻔했다』 같은 책이 이런 식으로 잘 구현되었다. 저자로 파는 책은 저자를 확실히 띄우는 게 좋다. 『조훈현 고수의 생각법』이나 『인생은 순간이다』의 표지를 보면, 저자 사진이 표지에 큼지막하게 들어가 있다. 공감으로 파는 책은 공감 가는 상황을 연출한 일러스트 표지가 핵심이다. 『죽고 싶지만 떡볶이는 먹고 싶어』 같은 책이 가장 먼저 떠오른다.

또 다른 목적도 필요하다. 바로 타깃독자에게 '이건 너를 위한 책이야'라는 시그널을 보내는 것이다. 책을 꾸준히 사서 읽는 독자들은 책 표지만 봐도 자신에게 필요한 책인지 아닌지 본능적으로 파악한다. 자신이 읽어온 책의 계보가 있기 때문이다. 이 책의 앞부분에서 강조했던 '모든 베스트셀러는 그다음으로 읽고 싶은 책을 만든다'는 명제가 여기서도 적용된다.

이를테면 『비가 오면 열리는 상점』 표지 디자인의 목적은 『달러구트 꿈 백화점』을 재미있게 읽은 독자들에게 '이 책도 당신이 재미있게 읽을 수 있어'라는 시그널을 보내는 것이었다. 『산 루이스 레이의 다리』 표지 디자인의 목적은 『이처럼 사소한 것들』을 재미있게 읽은 독자들에게 '이 책도 당신이 재미있게 읽을 수 있어'라는 시그널을 보내는 것이었다. 두 책 모두 이 목적에 충실히 부합하였기에 좋은 성과로 이어질 수 있었다.

여기서 주의해야 할 것은 그냥 카피한 것처럼 보이면 안 된다는 것이다. 윤리적으로 문제가 되는 건 말할 것도 없고, 무언가의 짝퉁으로 보이는 건 판매에도 마이너스다. 표지 디자인으로 같은 계보에 있는 책임을 알리되, 이 책만의 특별한 지점도 함께 드러내야 한다. 이처럼 구성원들 사이에 같은 목적을 공유하면, 의사결정을 할 때 취향의 문제로 빠지는 함정을 피할 수 있다. 특히 실제 디자인 작업을 진행하는 디자이너와는 더욱 긴밀히 소통해, 공통된 목표를 향해 나아가야 한다.

정확한 목표 지점을 공유하고 그 방향으로 가기 위한 가이드는 편집자가 꼼꼼히 제시해야 하지만, 그러는 동안에도 디자이너의 영역은 확실히 존중해야 한다. 예를 들어, 서체, 제작사양, 후가공 등은 디자이너의 전문성을 신뢰하고 그들의 의견을 전적으로 따르는 것이 좋다. PC교를 꼼꼼히 보고 원고를 넘긴다든지, 인용문, 장제목, 소제목 등을 약물로 구분해 원고를 넘긴다든지, 제목, 부제, 띠지 카피 등이 확정된 후에 디자인 발주를 하는 것도 함께 일하는 상대에 대한 최소한의 배려다. 실제로 디자이너들에게 바라는 것을 물어봐도 "함께 일한다는 느낌이 들 수 있도록 배려해주세요"라는 말을 가장 많이 했다.

표지는 책의 얼굴이다. 책의 첫인상 역시 표지에 달렸다. 그래서 본인이 의도한 콘셉트대로 표지가 나올 때의 짜릿함은 이루 말할 수 없다. 더구나 그 표지가 독자들의 마음을 사로잡는 데도 성공해 판매에 크게 기여하고 있다는 걸 알게 되면, 그 짜릿함은 몇 배나 더 커진다. 이런 짜릿함을 자주 느낄수록 10만 부 베스트셀러를 만들 확률 역시 더 높아진다.

4장

독자를 미리 만드는 마케팅의 기술

책을 파는 건 왜 어려운가

출판 마케팅이 어려운 이유는 간단하다. 제품 수가 너무 많기 때문이다.

한국에서 연간 출간되는 단행본의 종수는 6만 종이 넘는다. 그리고 대부분의 책은 브랜딩이 되어 있지 않다. '민음사 세계문학전집', 혹은 '흔한 남매'나 '마법 천자문' 같은 시리즈 도서 정도만 브랜딩이 되어 있다. 그렇지 않은 대부분의 책은 맨땅에 헤딩이다. 아이폰 신형을 팔면 되는 애플, 그랜저 신형을 팔면 되는 현대자동차와 달리, 우리는 누가 쓴지도 모르는 생소한 제목의 책을, 제대로 파악조차 잘 안 되는 고객에게 팔아야 한다. 한마디로 최소한의 베이스캠프도 없이 해발 고도 0에서 등반을 시작하는 것이 바로 출판 마케팅이다.

그래서 전통적인 출판사는 우선 영업에 집중한다. 신간이 나오면 대형 서점을 비롯한 유통사들과 미팅을 진행하고, 책을 각 서점에 얼마나 깔지 논의한다. 이를 초도배본이라고 한다. 아무래도 배본 수량이 많으면 책이 서점 곳곳에 많이 진열될 확률이 높고, 온라인 서점에서도 노출이 잘될 확률이 높기 때문에, 출판사에서는 판매에 대한 기대감이 높은 책일수록 배본부수를 늘리려고 한다. 서점에서도 판매가 잘될 것으로 예상이 돼야 책을 많이 가져갈 것이기 때문에, 출판사 입장에서는 서점에 영업을 잘해야 한다. 온·오프라인 서점에 비싼 돈을 지불하고 광고를 진행하는 이유도 현장에서의 도서 판매량을 늘리기 위해서다.

이런 영업 행위가 유효한 시절이 있었다. 아니 이것만으로 충분한 시절이 있었다. 그 시절엔 서점과 관계가 좋은 영업자들이 헤게모니를 가졌다. 출판사가 전략도서를 선정하면, 영업자가 그 책을 서점에 소개한다. 그러면 서점은 책을 많이 가져가서 독자들에게 많이 노출하고, 독자는 그렇게 서점에서 미는 책을 자연스레 구매한다. 물론 이렇게 해도 실패하는 책이 훨씬 더 많았지만, 아무튼 이런 식의 영업 행위가 제법 잘 먹히던 시절이 있었다.

이 시기엔 신문의 역할도 컸다. 일간지 문화면에 책이 크게 소개되거나 저자 인터뷰가 나가면 책 판매가 확 뛰었고, 그래서 출판사들 역시 신문에 광고를 많이 했다. 내가 다산북스에 다니던 시절 초기인 2016~2019년만 해도, 우리는 꽤 오랜 기간 신문광고를 진행했고, 효과를 톡톡히 본 케이스도 제법 많았다. 이때까지는 고민의 초점이 카피나 콘텐츠였지, 매체나 채널이 아니었다. 좋은 카피를 쓰고 좋은 콘텐츠를 만들어서 광고하면, 어느 정도 판매가 될 거라는 기대감이 있었다.

그런데 시간이 흐르면서 서점과 신문의 역할이 계속 줄어든다. 광고를 해봤자 제대로 효과를 볼 확률이 점점 떨어진다. 그리하여 세상의 변화를 빠르게 파악하고 온라인 마케팅에 비중을 더 두는 식으로 체질 개선을 하는 데 성공한 출판사들이 신흥 강자가 된다. 심지어 강력한 온라인 마케팅 채널을 가진 회사들이 직접 책을 펴내는 출판사가 되기도 한다. 하지만 이 변화 역시 너무 빠르고, 영향력이 있던 채널이 그 영향력을 잃게 되는 것도 순식간이다. 얄팍한 수가 점점 안 통하게 된다는 느낌을 지울 수가 없다.

최근에는 유명인사, 소위 셀럽의 추천이 더 큰 힘을 발휘하는 듯하다. 책은 너무 많이 나오고, 내 스마트폰에서 보이는 책들은 다 광고라서 믿을 수 없으니, 자신이 신뢰하는 누군가가 검증해준 책을 고르는 편이 실패 확률이 낮을 것이다. 그런데 이런 경우에는 확실히 '찐 추천'이어야 의미가 있다. 그러니 출판사 입장에서는 딱히 뭘 할 수 있는 게 아니어서 그냥 감나무에서 감이 떨어지기를 기다리는 꼴에 지나지 않게 된다.

이처럼 책을 알리고 파는 것이 어려워지니, 이제야 진지하게 '마케팅'이 해야 할 본연의 일에 대해 더 진지하게 생각하게 된다. 다시 말해, 독자 데이터베이스를 구축하고, 독자들에게 의미 있는 경험을 제공하고, 그래서 그들과 긴밀한 관계를 형성하고, 아니면 아예 장기적으로 접근해 시리즈물을 개발하는 것 말이다. 서울국제도서전을 통해 확인되는 독자들의 행동이나 출판사의 대응을 봐도 이런 접근 자체는 확실히 의미가 있는 것 같다. 출판사나 책에 대한 독자 인식을 바꾸는 '마케팅의 시간'이 본격적으로 시작됐다. 이런 작업을 성공적으로 진행하고 있는 출판사들은 이제 최소한의 베이스캠프를 갖게 되지 않을까. 위기가 곧 기회라는 말을 기억하고, 우리도 이 '마케팅의 시간'을 잘 보내기 위해 동료들과 머리를 맞대봐야겠다.

무엇을 마중물로 삼을 것인가

15년 넘게 출판 일을 해오면서 확실히 깨달은 것이 하나 있다. 바로 잘되는 집안은 편집팀과 마케팅팀 사이에 소통이 활발하다는 것이다. 그들은 서로의 영역을 존중하면서도, 내 일과 네 일을 딱히 구분하지 않고 자유롭게 의견을 주고받는다. 그래서 기획부터 마케팅까지 긴밀하게 협업하며 성과를 만든다. 이를테면, 편집자는 마케터에게 "이런 류의 책 좋아하는 독자들은 여기 몰려 있으니까, 이 채널에 광고나 제휴 잡아주세요" 라고 제안하고, 마케터는 편집자에게 "요즘 독자들이 이런 데 관심이 많다는데, 이런 책 기획해보면 어떨까요?"라고 제안한다. 이게 서로의 선을 넘는 행위라 판단한다면 결코 할 수 없는 제안이다.

반대로 뭐가 잘 안 돌아가는 집구석은 편집팀과 마케팅팀 사이에 두터운 벽이 있다. '나는 편집자니까 책만 잘 만들면 돼' '나는 마케터니까 책만 잘 팔면 돼'라고 생각하고, 성과가 나오지 않으면 상대를 탓한다. 편집자들은 '내가 얼마나 고생해서 만들었는데 마케터들은 왜 이것밖에 못 팔까?'라고 생각하고, 마케터들은 '팔릴 만한 책이 나와야 팔지, 왜 이런 책을……'이라고 생각한다. 불신이 쌓여 있기에 좋은 생각이 있어도 서로에게 제안하지 못하고, 계속 상대를 탓하는 악순환에 빠진다.

편집자와 마케터가 활발히 소통하여 정해야 할 것이 있다. 바로 '무엇을 마중물로 삼을 것인가?'이다. 책의 판매량을 이륙시킬 최초의 마케팅 활동을 찾는 일, 이게 무엇보다 중요하다. 책의 판매량을 이륙시켜 안정적인 비행을 시작했다면, 그다음은 사실 크게 어렵지 않다. 그때는 서점에 진열만 잘하고, 서점 광고만 잘해도 어느 정도 판매가 이어진다. 하지만 팔리지 않는 책을 팔리게 하는 것이나 처음 나온 책을 독자들에게 알리는 건 어려운 일이다. 그러니 마중물이 꼭 필요하다.

이 원고를 쓰고 있는 2025년 6월 중순, 현 시점에 내 눈에 띈 가장 강력한 마중물은 『작은 땅의 야수들』의 김주혜 작가가 '김어준의 겸손은 힘들다 뉴스공장'에 출연한 것이다. 신간인 『밤새들의 도시』의 출간 직후 방한하여 이뤄진 출연인 만큼, 출판사에서 마음먹고 준비한 마중물이었음을 알 수 있다. 방송 이후 『밤새들의 도시』는 즉시 교보문고 온라인 베스트셀러 종합 30위권에 진입했다.

내가 다산북스에 다니던 시절 우리 팀이 만들었던 10만 부 이상 베스트셀러도 모두 이런 식의 효과적인 마중물이 있었다. 『철학은 어떻게 삶의 무기가 되는가』는 책식주의 카드뉴스가 그 역할을 했다. 다음 1boon에 노출되어 93만 뷰를 찍었고, 일 판매 1000부를 훌쩍 넘기며 바로 종합 베스트셀러 상위권에 올랐다. 『역사의 쓸모』는 최태성 작가의 '김현정의 뉴스쇼' 출연이 마중물 역할을 했다. 라디오 방송보다는 방송 후 이뤄진 유튜브 라이브에서 책 이야기를 많이 나누게 되어, 판매가 급격히 일어나기 시작했다. 『내가 원하는 것을 나도 모를 때』는 저자가 직접 운영하는 '책 읽어주는 남자' 카톡 메시지 발송이 마중물 역할을 했고, 『애쓰지 않고 편안하게』는 인플루언서인 '흠미'의 책 추천이 첫번째 마중물 역할을 했다.

『애쓰지 않고 편안하게』는 이후 한 번 더 기회가 찾아오는데, 바로 일본 출판사와 선인세 2억 원 규모의 계약을 체결한 건이었다. 당시 이 뉴스를 어떻게 활용하면 좋을까 고민하다가 KBS 문화부 기자에게만 따로 연락해 이 소식을 알렸다. 감사하게도 이 뉴스의 가치가 높게 다뤄진 덕분에, KBS에서 다산북스 사무실에 찾아와 저작권 팀장과 담당 편집자 인터뷰를 촬영해 갔고, 김수현 작가와도 전화 인터뷰를 진행했다. KBS JAPAN에서도 움직여, 도쿄의 서점 등에서 일본 내 한국 책들의 인기를 취재해 영상에 담았다. 그렇게 제법 큰 뉴스가 되어 이 책이 KBS '뉴스 9'을 통해 독자들에게 알려진 것이다. 첫번째 마중물의 위력도 대단했지만, 이 두번째 마중물의 위력 역시 전에 보지 못한 것이었다. 당시 보도자료를 써서 모든 언론사에 뿌리지 않고, 한 언론사에만 단독으로 정보를 제공한 것이 좋은 판단이었다. 그때의 내 판단에 대해 나는 두고두고 스스로를 칭찬한다.

이런 마중물 전략은 신간 론칭 전에 이미 계획하고 있는 게 좋다. 당연히 계획대로 다 되지 않고, 마중물 역할을 전혀 하지 못하는 결과도 나올 수 있지만, 아무튼 계획이 있어 시도해보는 것과 시도조차 하지 않는 것에는 큰 차이가 있다.

사전 마케팅이 필요한 이유

마중물로 삼을 만한 마케팅 플랜을 세우고 실행에 옮겨도, 의도했던 결과가 나올 확률이 점점 떨어진다. 베이스캠프 없이 해발고도 0에서 등반을 시작하니, 웬만한 마중물로는 꿈쩍도 하지 않는다. 그렇게 실패를 거듭하며, 단순한 계획 하나로 제품을 띄우려 하는 것은 기우제 지내는 것과 크게 다를 바가 없다는 걸 깨닫는다. 마중물이 무의미하다는 게 아니라, 마중물의 효과를 극대화하기 위해서는 다른 작업이 선행되어야 한다는 얘기다.

그러고 보면 대단한 마케팅 행위가 없어도 나오자마

자 판매가 일어나는 책들은, 그 책이 나오길 기다리고 있는 독자가 많은 경우였다. 조던 피터슨의 『12가지 인생의 법칙』이 그런 책이었다. 당시 한국에서는 처음 출간되는 저자의 책이었음에도, 이미 유튜브를 통해 그의 강의를 여러 차례 접한 사람들은 그의 책이 나오길 기다리는 걸 넘어, 한국의 어느 출판사에서 책이 출간되는지 알아내고, 그 출판사에 전화까지 걸며 언제 나오는지를 문의했다.

이처럼 사전 마케팅 자체가 필요 없는 책을 기획하는 것이 제일 좋겠지만, 사실 그런 기획이 얼마나 되겠는가. 그러니 대부분의 경우, 출간 전에 이 책이 나오기를 기다리는 독자를 만드는 작업, 즉 사전 마케팅이 필요하다.

사전 마케팅의 목표는 세 가지다.

대기독자 확보, 자발적 입소문 유도, 그리고 판매 포인트 확보.

사전 마케팅은 '드래곤볼'의 원기옥 같은 것이다. 두 손을 하늘 위로 올리고 지구 생명체의 여러 에너지를 모은 뒤 적에게 쏘는 것인데, 에너지가 많이 모일수록 더 강한 원기옥을 쏠 수 있다. 출판도 마찬가지다. 사전 마케팅을 통해 많은 에너지를 모은 후에 책을 세상에 쏴야 많은 독자에게 전달이 된다.

더 예전의 일은 잘 모르겠고, 내가 출판 일을 시작한 2009년 이후 직간접적으로 볼 수 있었던 사전 마케팅의 사례를 몇 가지 소개하겠다.

첫번째는 책의 가제본을 만들어 독자들에게 미리 읽히는 것이다. 2014년에 출간된 『미움받을 용기』가 그 덕을 톡톡히 봤다. 책이 아니라 시나리오처럼 제본해 서점에 돌렸고, 가제본 서평단도 운영했다. 반응은 그야말로 폭발적이었고, 자연스럽게 입소문이 났다. 출간 이후 이뤄진 마케팅 활동도 모두 훌륭했지만, 출간 전에 많은 원기옥을 모았기 때문에 모든 마케팅 플랜이 더 효과적으로 이뤄질 수 있었다. 2015년에는 『오베라는 남자』가 비슷한 방식으로 사전 마케팅을 진행했다. 이번에는 시나리오가 아니라 진짜 책처럼 제본해 서평단과 서점 등에 책을 돌렸다. 해운대, 대천 등 젊은 사람이 많이 모이는 피서지에서 가제본 책을 나눠주고 인증사진 업로드를 유도한 것도 입소문에 큰 도움이 됐다.

가제본을 만들어 서점과 독자들에게 책을 나눠주는 것은 영미권 출판사에서는 루틴처럼 하는 일이다. 사실 나도 그전에는 잘 몰랐고, 『어서 오세요, 휴남동 서점입니다』의 영문판이 나올 때 영문판 출판사인 블룸즈버리가 하는 것을 보면서 확실히 알았다. 가제본을 200~300부 정도 만들어 주요 서점과 독자들에게 책을 제공했고, 덕분에 책이 출간되자마자 '2023 영국 워터스톤즈 서점 선정 최고의 소설'이 되었다. 독자들의 리뷰도 곳곳에 올라왔고, 자연스럽게 입소문이 나며 베스트셀러가 됐다.

한편, 2020년 이후 몇 년간 한국 출판계에서는 전자책 선출간 작업이 가제본 제작을 대체하는 흐름이 있었다. 『달러구트 꿈 백화점』이 리디북스에서 전자책으로 선출간된 후 좋은 성과를 냈고, 그 에너지를 발판으로 종이책 론칭에도 성공한 것. 『어서 오세요, 휴남동 서점입니다』가 밀리의서재에서 전자책으로 선출간된 후 좋은 성과를 냈고, 그 에너지를 발판으로 종이책 론칭에도 성공한 것. 이 두 소설 이후 상당히 많은 출판사에서 비슷한 방식으로 사전 마케팅 작업을 진행했고,

크고 작은 성공 사례가 반복적으로 나왔다.

클레이하우스는 이 작업을 가장 적극적으로 진행한 출판사다. 『비가 오면 열리는 상점』은 예스24 크레마 클럽의 히트상품이었다. 연말에 발표한 자료를 보니, 2023년 예스24 오리지널도서 중 가장 많은 사랑을 받은 책이 바로 『비가 오면 열리는 상점』이었다. 정보라, 김초엽, 천선란 등 유명 작가의 신작들마저 넘어선 기대 이상의 성과였다. 『마지막 마음이 들리는 공중전화』는 밀리의서재에서 전자책 선출간을 진행했는데, 주간 베스트 소설 1위, 종합 4위를 차지할 정도로 폭발적인 반응을 불러일으켰다. 두 소설 모두 성공적인 사전 마케팅 작업이 있었기에, 출간 이후 비교적 어렵지 않게 베스트셀러에 안착할 수 있었다.

판매 포인트를 만들어라

독자들에게 책을 미리 읽히는 것이 사전 마케팅의 첫 번째 축이라면, 두번째 축은 판매 포인트를 만드는 것이다. 쉽게 말해 판매 포인트는 띠지에 별딱지로 넣을 만한 정보다. 독자를 설득할 수 있는 검증된 성과이기도 하다. 번역서는 이미 해외에서 검증된 성과가 있는 경우가 많기에, 판매 포인트로 활용할 수 있는 것 또한 많다. 번역서 띠지의 별딱지에서 심심치 않게 볼 수 있는 '뉴욕 타임스 베스트셀러' '2024 부커상 수상작' '넷플릭스 영상화 확정' '30만 부 판매' 같은 정보가 그 예다.

하지만 이제 갓 출간되는 국내 도서의 경우 이런 검

증된 성과가 있을 여지가 적다. 하지만 이런 판매 포인트가 있어야 이걸 활용해서 광고를 할 수 있고, 관련 카피를 쓸 수 있다. 그러니 사전 마케팅은 독자들에게 책을 미리 읽히는 것을 넘어, 판매 포인트를 만드는 것에 집중해야 한다.

클레이하우스의 도서 중 이 작업이 가장 성공적으로 진행된 건 단연『비가 오면 열리는 상점』이다. 이 책은 텀블벅에서『달러구트 꿈 백화점』과『죽고 싶지만 떡볶이는 먹고 싶어』보다 후원금이 더 많이 모인 책이었다. 이건 출판권 계약 전 유영광 작가가 스스로 만들어 준 성과로, 단연 이 책의 첫번째 판매 포인트가 됐다. "텀블벅 펀딩 1982퍼센트 달성." 그리고 앞에서 이미 설명한 바 있는 예스24 크레마클럽에서의 성과가 있다. 이것이 이 책의 두번째 판매 포인트. "전자책 한국소설 1위."

크라우드 펀딩에서의 성과와 전자책 플랫폼에서의 성과만으로 다른 책은 갖기 어려운 판매 포인트를 확보한 것이었지만, 나는 여기서 한 걸음 더 나아가고 싶었다. 그래서 도전한 것이 출간 전 해외판권 수출이었다. 『어서 오세요, 휴남동 서점입니다』가 이미 좋은 선례를 만들었기에 자신 있게 도전해볼 수 있었다.

우선 2023년 런던 도서전을 앞두고 영문 프로포절(Proposal) 자료와 영문 샘플번역 원고를 만들었다. 그리고 출간 전에 한 국가라도 계약이 되면 좋겠다는 마음으로 런던 출장을 다녀왔는데, 무려 여섯 국가의 출판사와 계약을 진행할 수 있었다. 신인 작가의 첫 소설이 국내 출간도 되기 전에 해외 6개국에 판권을 수출했다니, 그것 자체가 하나의 뉴스이자 판매 포인트가 됐다.

이런 사전 마케팅 활동을 통해 확보된 판매 포인트는 모두 광고에 적극적으로 활용됐다. 덕분에 광고는 할 때마다 잘 먹혔고, 10만 부 이상 판매되는 베스트셀러가 됐다.

물론 출판사가 '주장하는' 판매 포인트만으로는 한계가 있다. 이 판매 포인트는 미리 읽은 독자들의 자연스러운 입소문이 더해져야 제대로 된 힘을 발휘한다. 가제본으로 읽었든, 크라우드 펀딩을 하고 읽었든, 전자책으로 읽었든, 해당 작품을 재미있게 읽은 독자는 이 도서의 열렬한 전파자가 된다. 실제 독자들의 진정성 있는 후기가 쏟아지면, 출판사가 주장하는 판매 포인트는 비로소 강한 설득력을 갖게 된다.

정리하자면, 사전 마케팅이 필요한 이유는 독자 입소문과 판매 포인트 때문이다. 그러기 위해선 책을 미리 읽혀야 한다. 아니 꼭 책일 필요는 없다. 조던 피터슨 강연처럼 유튜브 영상이어도 좋고, 온라인 플랫폼에서 하는 연재여도 상관없다. 뭐가 되었든 이 책이 나오기를 기다리는 독자를 만들어야 하고, 그들의 추천이 여기저기서 들리게 해야 하며, 이 모든 것을 객관적으로 증명할 수 있는 성과를 만들어야 한다. 입소문과 판매 포인트, 이 두 가지 과제가 해결되어야 우리가 비싼 돈을 들여 하는 광고가 비로소 힘을 가진다.

꺼진 불도 다시 보자

모두가 말한다. 신간 론칭이 점점 어려워진다고.

어느 순간부터 베스트셀러 목록에는 오래된 책이 많다. 소설 분야는 특히 심하다. 『모순』『인간 실격』『구의 증명』『데미안』『스토너』『소년이 온다』『1984』 등, 그 리스트가 끝없이 이어진다. 고전과 현대소설을 가리지 않고, 국내소설과 해외소설을 가리지 않는다. 『청춘의 독서』『사랑의 기술』『사피엔스』『총균쇠』 등이 여전히 베스트셀러 목록을 차지하고 있는 인문 분야도 마찬가지다. 예전에도 이런 스테디셀러는 있었지만, 이 스테디셀러의 비중이 점점 높아지고 있는 느낌이다.

이런 목록을 살펴보고 있노라면 어쩔 수 없이 '현타'가 온다.

왜 우리는 마케팅 예산의 대부분을 검증되지 않은 신간에 쓰는 걸까. 스테디셀러가 중요하다는 걸 알면서, 말도 그렇게 하면서, 실제로는 왜 신간을 파는 데만 돈을 쓰고 있을까. 우리는 신간이 나오면, 온·오프라인 서점 광고 배너를 신간으로 바꾼다. 구간은 어느 정도 독자들에게 알렸으니, 이제 알아서 좀 팔려주기를 바라는 마음으로 그렇게 한다. 그런데 혹시, 이런 방식 자체가 잘못된 게 아니었을까.

신간 론칭을 위해 마케팅 예산을 많이 써도 점점 성공률이 떨어지니, 더더욱 이런 생각을 하게 된다. 그리고 민음사를 보고 있으면 그런 생각은 점점 확신으로 바뀐다.

민음사는 웬만한 신간에는 마케팅 예산을 거의 쓰지 않는다. 대신 그들은 브랜딩에 진심이다. 그들은 책이라는 제품 하나하나의 마케팅이 아니라, '민음사 세계문학전집'으로 대표되는 브랜드에 대부분의 비용과 에너지를 투자한다. 북클럽과 유튜브 운영, 서울국제도서

전 참여 등 모든 것이 이 일에 초점이 맞춰져 있다. 그 결과 '고전 읽기 붐'의 수혜를 사실상 민음사가 독점하게 된다. 세계문학전집의 춘추전국시대가 있었지만, 꾸준한 브랜딩의 노력으로 이른바 천하통일이 된 것이다.

신간 마케팅은 사실상 하나도 하지 않기에 세상에 나온 줄도 모르고 사라지는 책이 태반이지만, 그래도 그 중 몇몇은 한 템포 늦게 주목을 받아 갑자기 역주행 도서가 되기도 한다. 2025년에는 『급류』가 그 주인공이 됐다. 2022년 말에 나온 이 책은 2년이 훌쩍 지난 후에야 독자들의 선택을 받고 읽히기 시작했다.

2025년에 다시 역주행 한 웅진의 『청춘의 독서』 특별증보판 작업도 주목할 만한 사례다. 이 책의 초판은 2009년 6월에 출간됐고, 2017년에 개정판이 나왔다. 처음 나왔을 때부터 10년을 훌쩍 넘는 기간 동안 꾸준히 계속 팔린 책이었기에 이미 팔 만큼 팔았다고 생각하는 사람이 많았지만, 누군가는 이 책이 여전히 더 큰 잠재력을 갖고 있다고 믿었다. 그래서 유시민 작가에게 다시 한번 개정판 작업을 제안한 것이다. 게다가 이번에는 『자유론』에 대한 꼭지가 추가된 만큼 상품력 또한 강화되었다.

사실 그 1년 전에도 작가에게 개정판 작업을 제안했지만, 그때는 작가가 거절했다고 한다. 작가 스스로도 이미 읽을 사람은 다 읽었다고 생각했을지 모른다. 하지만 사람의 생각은 바뀌고 환경도 맥락도 끊임없이 변하기에, 1년이 지난 뒤 출판사에서 다시 제안했을 땐, 작가도 흔쾌히 승낙했다. 심지어 『자유론』에 관한 추가 원고를 써보겠다고 더 큰 열의를 보이면서.

이 이야기를 전해 들으며 "꺼진 불도 다시 보자"라는 오래된 표어가 생각났다. 그리고 이 작업을 편집자가 아닌 마케터가 주도했다고 하니, 어쩌면 이제는 이런 게 마케터의 중요한 일이 되어야 하는 것 아닌가, 하는 생각마저 들었다. 편집자들은 신간 기획과 출간에 일의 초점을 맞추고, 마케터들은 자사의 기존 자산을 활용해 매출을 극대화하는 방법을 찾는 것. 12.3 내란부터 6.3 대선까지 유시민 작가의 미디어 노출이 많았고 그의 입에 사람들의 주목도가 높았던 만큼, 『청춘의 독서』 특별증보판 작업은 그 어떤 신간 론칭보다 유효한 작업이었고, 실제로도 더없이 적절한 타이밍에 출간되어 종합 베스트셀러 1위에 오를 정도로 좋은 성과를 냈다.

구간 자산이 많고 튼튼한 민음사나 웅진의 사례라고 하니 피부에 와닿지 않을 수도 있겠다. 스테디셀러가 없는 출판사 입장에선 취하고 싶어도 취할 수 없는 전략이니까. 그래도 잊지 말고 기억하자. 언젠가 베스트셀러가 나왔을 때, 그 책을 어떻게 롱셀러로 만들 것인가에 모든 마케팅 역량이 집중되어야 한다는 것을. 그리고 편집자는 끊임없이 그럴 가능성이 있는 책을 기획하고 출간해야 한다는 것을.

이 책 제목에 대한 자기 부정일 수도 있겠지만, 어쩌면 10만 부 베스트셀러 만들기보다 중요한 건, 10만 부 책을 30만 부 책으로 업그레이드하는 것일지도 모르겠다.

10명의 편집자, 10권의 다른 책

트로이목마 박창흠 대표에게 기획·편집에 관한 책 집필을 처음 제안받았을 때, 나는 내가 할 수 있는 일이 아니라고 생각했다. 비슷한 주제로 책을 집필하는 다른 필진이 있다는 이야기를 들었을 때는 더더구나 그렇게 생각했다. 그래서 그에게 주제가 겹치는 것 같아 걱정된다고 말했는데, 그는 주제가 같더라도 어차피 저마다의 강점과 경험이 다르고 접근 방식 또한 다를 테니, 크게 걱정할 필요 없다고 답해주었다. 그냥 나의 강점이 잘 드러나도록만 하면 된다고, 마음을 편하게 해주었다.

곱씹을수록 그의 말이 옳았다. 다들 저마다 다르게 일하고 있었으니까. 스타 저자 섭외를 잘해서 베스트셀러를 척척 내놓는 편집자, 한국에서도 먹힐 만한 좋은 외서 발굴을 잘하는 편집자, 자기가 좋아하는 것에 집중해 성과를 내는 덕업일치형의 편집자, 절판된 책들을 되살리는 일에 탁월한 성과를 보이는 편집자, 콘셉트에 모든 것을 걸고 좋은 제목과 부제, 카피로 독자를 설득하는 편집자……. 어느 것 하나 안 중요한 건 없겠지만, 아무튼 강점이 저마다 다르다는 것은 분명했다.

그래서 떠오른 키워드가 '10만 부 베스트셀러'였다. 운이 좋게도 좋은 회사에서 좋은 팀원들과 함께 일할 수 있었기에, 제법 많은 '10만 부 베스트셀러'를 경험했다. 이 책들을 기획하고 편집하고 팔면서 내가 경험하고 학습한 내용을 정리하면, 누군가에게는 도움이 될 거라 믿고 이 작업을 시작했다.

원고를 쓰면 쓸수록 지금 내가 하고 있는 생각이나 내가 일하는 방식 모두, 다른 선배들에게 배운 것이라는 사실을 알게 됐다. 곧이곧대로 받아들이고 따르는 것도 있고, 내 식으로 해석하여 달리 적용하는 것도 있지만, 어느 것 하나 선배들의 영향을 받지 않은 것은 없었다. 이렇게나마 출판일로 밥벌이를 하고 있는 것 자체가 모두 그분들 덕임을 새삼 깨달았다. 나에게 가르침을 주셨던 모든 분께 진심으로 감사드린다.

내가 선배들에게 많은 것을 배운 것처럼 나도 후배들에게 도움이 되는 선배이고 싶다. 결국 이 욕심이 이 원고를 끝까지 쓰게 만드는 힘이 됐다. 사양 산업이라 불리고 비전을 찾기 어려운 것처럼 보이는 출판 업계에서, 이 책이 조그만 힌트라도 되면 좋겠다. 최소한 '10만부 베스트셀러'를 만들어보고 싶다는 마음을 품게 하는, 건강한 동기부여의 계기라도 될 수 있으면 좋겠다.

개인적으로도 의미가 있는 작업이었다. 대략 30년 정도 출판 일을 한다고 가정하면, 정확히 반환점을 돌 때 이 원고를 쓰게 된 것이다. 자연의 시간에는 원래 구분이 없기에, 우리가 의도적으로 선을 긋지 않으면 시간은 그냥 앞으로 내달리기만 한다. 이 책 작업 덕분에 전반전을 마치고 후반전 준비를 하는 플레이어가 될 수 있었다. 지나온 15년을 정리하는 이 작업은, 내가 앞으로 살아갈 15년을 대비하는 밑거름이 될 것이다. 지금껏 그랬듯 뭐든 끊임없이 배우는 도전자의 자세로, 계속 누군가에게든 배움을 청하는 사람이 되고 싶다.

그래서 2025년에는 한 달에 한 번 외부 인사를 모시고 클레이하우스 직원들을 위한 내부 강연을 진행했다. 소문을 듣고 옆 회사에서 이 강연을 들으러 우리 사무실에 온 경우도 있었다. 노하우를 들려 달라는 요청에 거절하는 분은 아무도 없었다. 모두 기꺼이 귀한 시간을 내주었고, 자신의 경험과 인사이트를 마음껏 나누어 주었다. 이런 게 다 우리 업계의 낭만이라고 믿는다. 경쟁이 치열한 다른 한편으로, 어떻게든 타인에게 도움이 되고 싶어 하는 마음이 공존한다. 그렇게 각자의 지혜를 교환하며 우리는 조금씩 성장한다.

그리고 역시나 같은 주제라고 해도 일하는 방식, 자신이 옳다고 믿는 방식은 다 달랐다. 때로는 나와는 다르게 일하는 사람들 이야기를 듣는 것이 더 큰 도움이 되기도 했다. 이 책에서 내가 하는 이야기도 읽는 이에 따라서는 엉뚱하고 말도 안 되고 마구 반박하고 싶어지는 것일 수도 있다. 그래도 상관없다. 아니, 오히려 그러는 게 더 좋다. 더 나은 생각은 서로 다른 생각이 부딪쳐 화학적으로 융합할 때 나오는 것이기 때문이다.

한 원고를 두고도 10명의 편집자가 책을 만들면, 10권의 다른 책이 나온다. 그런 다양성이 우리 서점을 더 풍요롭게 만든다고 믿는다.

당신은 어떤 책을 만드는 편집자인가?

HOW TO WORK

- 김남인, 『회사의 언어』, 어크로스, 2016
- 박소연, 『일 잘하는 사람은 단순하게 합니다』, 더퀘스트, 2019
- 신수정, 『일의 격』, 턴어라운드, 2021
- 제현주, 『일하는 마음』, 어크로스, 2024
- 稲盛 和夫, *はたらき方*, 『왜 일하는가』, 김윤경 옮김, 다산북스, 2021
- 平井 孝志, *本質思考*, 『1등의 통찰』, 이선희 옮김, 다산3.0, 2016
- Atul Gawande, *BETTER: a surgeon's notes on performance*, 『어떻게 일할 것인가』, 곽미경 옮김, 웅진지식하우스, 2018
- Brene Brown, *Dare to Lead*, 『리더의 용기』, 강주헌 옮김, 갤리온, 2019
- Daniel Coyle, *The Culture Code: The Secrets of Highly Successful Groups*, 『최고의 팀은 무엇이 다른가』, 박지훈 옮김, 웅진지식하우스, 2018
- Ed Catmull, Amy Wallace, *Creativity, Inc.*, 『창의성을 지휘하라』, 윤태경, 조기준 옮김, 와이즈베리, 2025
- Michael E. Gerber, *The E-Myth Revisited*, 『사업의 철학』, 이제

용 옮김, 라이팅하우스, 2015
- Morten Hansen, *Great at Work*, 『아웃퍼포머』, 이지연 옮김, 김영사, 2019
- Peter F. Drucker, *The Daily Drucker*, 『피터 드러커 일의 철학』, 피터드러커소사이어티 공편, 청림출판, 2018
- Peter F. Drucker, Frances Hesselbein, Joan Snyder Kuhl, *Peter Drucker's Five Most Important Questions: Enduring Wisdom for Today's Leaders*, 『피터 드러커의 최고의 질문』, 유정식 옮김, 다산북스, 2017
- Ray Dalio, *PRINCIPLES*, 『원칙』, 고영태 옮김, 한빛비즈, 2018

HOW TO MAKE

- 김근배, 『끌리는 컨셉의 법칙』, 중앙북스, 2014
- 박신영, 『기획의 정석』, 세종서적, 2022
- 웅진지식하우스 에디터 23인, 『에디팅 콘서트』, 웅진지식하우스, 2009
- 홍성태, 조수용, 『나음보다 다름』, 북스톤, 2015
- 菅付 雅信, *東京の編集*, 『도쿄의 편집』, 현선 옮김, 항해, 2022
- 梅澤伸嘉, *消費者は二度評価する*, 『히트상품을 만드는 특별한 비밀』, 윤종수 옮김, 시대의창, 2009
- 細田高廣, *コンセプトの教科書*, 『컨셉 수업』, 지소연 옮김, RHK, 2024
- 植木 規隆, *思うことから, すべては始まる*, 『밀리언의 법

칙』, 송소정 옮김, 더난출판, 2021
- 增田 宗昭, *知的資本論*, 『지적자본론』, 이정환 옮김, 민음사, 2015
- Alberto Savoia, *The Right It: Why So Many Ideas Fail and How to Make Sure Yours Succeed*, 『아이디어 불패의 법칙』, 이지연 옮김, 인플루엔셜, 2020
- Anita Elberse, *Blockbusters*, 『블록버스터 법칙』, 이종인 옮김, 세종서적, 2014
- Clark A. Campbell, Mike Collins, *The New One-Page Project Manager*, 『THE ONE-PAGE PROJECT』, 최은아 옮김, 북아지트, 2020
- Derek Thompson, *Hit Makers*, 『히트 메이커스』, 이은주 옮김, 송원섭 감수, 21세기북스, 2017
- Jonathan Karp, Gregory M. Britton, Peter Coveney 외 24명, *What Editors Do: The Art, Craft, and Business of Book Editing*, 『편집자가 하는 일』, 박중서 옮김, 열린책들, 2020
- Pat Flynn, *Will It Fly?*, 『과연, 뜰까』, 안진환 옮김, 스노우폭스북스, 2017

HOW TO SELL

- 민경주, 『가난한 회사의 마케터 매뉴얼』, 쌤앤파커스, 2020
- 안성은, 『믹스MIX』, 더퀘스트, 2022
- 이근상, 『이것은 작은 브랜드를 위한 책』, 몽스북, 2022
- 홍성태, 『브랜드로 남는다는 것』, 북스톤, 2022
- 尾原 和啓, *プロセスエコノミ-*, 『프로세스 이코노미』, 이정

미 옮김, 인플루엔셜, 2022

- 西野 亮廣, *革命のファンファーレ: 現代のお金と広告*, 『혁명의 팡파르』, 민경욱 옮김, 소미미디어, 2025
- John Caples, *Tested Advertising Methods*, 『광고 이렇게 하면 성공한다』, 송도익 옮김, 서해문집, 1998
- Jonah Berger, *Contagious*, 『컨테이저스 전략적 입소문』, 정윤미 옮김, 문학동네, 2013
- Melina Palmer, *What Your Customer Wants and Can't Tell You*, 『소비자의 마음』, 한진영 옮김, 사람in, 2023
- Ren Serizawa, *The Illusion of Doing Marketing*, 『마케팅한다는 착각』, 오시연 옮김, RHK, 2025
- Russel Brunson, *Dotcom Secrets*, 『마케팅 설계자』, 이경식 옮김, 월북, 2022

10만 부 베스트셀러 만드는 법

초판 1쇄 발행일 2026년 2월 10일

지은이 윤성훈
발행인 이광호
편집인 김인호
책임편집 박창흠
편집 박희연
디자인 주수현

발행처 한국출판인회의
등록 2005년 5월 4일 제2005-000094호
주소 서울시 마포구 동교로22길 44(서교동)
전화 02-3142-5808
팩스 02-3142-2322
홈페이지 www.sbin.or.kr
이메일 sbi@sbin.or.kr

ISBN 978-89-91691-99-5 03010